島崎藤村研究

第四十六号

島崎藤村研究　第四十六号　目次

島崎藤村

——旅と人生——

宇野　憲治

はじめに

藤村の生涯は旅と深く関係しています。思いつくまゝにあげてみるだけでも、勉学のための上京・関西への漂泊の旅・仙台東北学院への赴任・小諸義塾への赴任・仏蘭西での三年間余の生活・国際ペンクラブ大会参加のためのアルゼンチンへの旅等、多数の旅をあげることができます。『櫻の實の熟する時』の後半、捨吉が旅を思い立った箇所に、

「月日は百代の過客にして行きかふ年もまた旅人なり。船の上に生涯を浮かべ、馬の口をとらへて老いをむかふるものは日々旅にして、旅をすみかとす。古人も多く旅に死せるあり……」

という『奥の細道』からの引用があります。危機に臨むと、必ず芭蕉に帰って行くという藤村の面影がよく窺われます。

藤村の、いわゆる紀行文集と言われているものには、『平和の巴里』・『戦争の巴里』・『海へ』・『エトランゼエ』・『巡礼』等があります。

『巡礼』は、国際ペンクラブ大会参加のため、アルゼンチンを訪れた藤村の紀行文です。昭和十一年九月二十日神戸港を発ち、翌十二年二月二十三日神戸港へ帰着するまでの百二十六日間に及ぶ大旅行です。この大旅行の出発にあたって、藤村は、

青年時代から自分を導いて呉れた古人は、今また遠く自分を導いて呉れるであらうなぞと思ひながら、こ

の旅に上つたわたしだ。

（『巡礼』昭15・2・15）

と記しています。芭蕉に寄せる思いの、いかに深いものであったかがよくうかがわれます。

また、詩集・随筆・小説集等の中にも、「木曽谿日記」・「松島だより」・「利根川だより」・「熱海土産」・「旅」・「伊香保土産」・「山陰土産」等の旅の思いを綴った文章があり、『千曲川のスケッチ』にも、数多くの旅の思いが記されています。また、童話集『眼鏡』・『幼きものに』等も、一種の旅の記録とみて差し支えないでしょう。さらに大きな視点から見れば、藤村の全作品は、藤村という人がこの世を生きた「人生の旅」の証でもあります。

本講演では、そのような島崎藤村の「旅と人生」を芭蕉との関連を通しながら考えて見ようと思います。

一　「一処不住」の精神と藤村の人生リズム

「一処不住」という言葉があります。私は一所に住み続けていますが、藤村は文字通り「一処不住」、一所に住まないということを生涯モットーにしていました。この考え方は芭蕉の考え方でもありました。藤村もそういう考え方で転居を繰り返したり、旅をしたりしております。私は一所に住み続けておりますが、住み続けるということと旅をするということは一見矛盾するようですが、私は藤村の生き方を念頭に置きながら、一所に住み続けながら旅を続けております。私は、そのことを自分自身に課して来ました。若い頃には国内の旅が主でしたが、二十年ほど前から外国に目を向け、一年に一度ないしは二度、一か月程の海外旅行にでかけております。きっかけは、二〇〇〇年のオーストラリアへの語学研修学生の引率でしたが、それに味を占め、単身の旅と決めそれを実行しています。先ずは藤村が訪れたフランス（パリ・リモージュ）・イギリス（ロンドン）を手始めとして、ヨーロッパ十数か国を旅してきました。それはさておき、藤村に帰りますが、藤村が亡くなった年齢は七十一歳と五か月です。今の私の年齢を考えて見ますと七十一歳と四か月です。あと一か月で藤村の亡くなった年齢になるわけです。恐ろしいことです。このように藤村と私の年齢を意識し始めたのは、二十七歳の時でした。藤村は二十七歳の時に結婚しています。私はその頃、まだ大学院生でありましたが、いろいろな事情があって二十七歳で結婚しました。

藤村の「転居」について話を移しますが、伊東一夫先生が作成された伊東一夫編『島崎藤村事典』（昭47・10・10明治書院）所載の「島崎藤村年譜」から転居記録を抜き書

きして一覧表にしてみました。（一覧表は紙面の都合で省略）

その年譜一覧表によって数えてみますと、生涯で三十三回転居しています。私は今までに九回です。多いのか少ないのかわかりませんが、転勤族でない限り、よく転居したとしても、生涯で普通十回位のものではないでしょうか。また、藤村は生涯の大半は持ち家としての自宅を持ちませんでした。国際ペンクラブ大会参加のためブラジル・アルゼンチンの旅に出発する前に「数寄屋普請風の家の新築を和辻哲郎夫妻に依頼」しており、自宅を初めて持ったのは、その旅から帰ってからのことです。帰国した時には新築の家はまだ完成しておらず、一か月ほど「帝国ホテル」に仮住まいした後、新築の自宅に移るわけです。この家が藤村の最初の持ち家となります。昭和十二年の二月のことです。そして、亡くなる一年前の昭和十七年八月上旬、二軒目の家として大磯町東小磯八八（町屋園）に大磯の家を購入しています。自宅を持ったのは、六十歳を過ぎた加藤静子さんとの晩年の結婚生活の中だけです。それまでは、本当に転居、転居の連続の生涯です。そういう意味からすると、藤村の三十三回の転居は、「一処不住」の精神で生きたといっても差し支えないのではないでしょうか。この「一処不住」ということには、藤村が思慕した松尾芭蕉の影響がその背後に見てとれます。

次に、「一処不住」と関係することですが、藤村の人生リズムについて少し述べておきます。

『新生』の中に繰り返し出てくる言葉があります。「七年」という言葉です。任意に拾い出してみます。

① 七年ばかり暮しつづけて居るうちにまるで根が生えてしまつたやうな現在の生活を底から覆すといふことも容易ではなかつた。　（『新生』第一部二十九）

② 温暖かい雨が通過ぎた。その雨が来て一切のものを濡らす音は、七年住慣れた屋根の下を離れ行く日の次第に近づくことを岸本に思わせた。　（『新生』第一部三十四）

③ 七年馴染を重ねた噂好きな人達は最早一人も彼の家の前を通らなかつた。　（『新生』第一部三十七）

④ 東京浅草の七年住慣れた住居の二階から　（『新生』第一部五十）

⑤ 二階から下りることすらも厭はしく思ふやうに成つた七年の生活の終りの方へ　（『新生』第一部百一）

⑥ 信濃の山の上に彼が七年も暮した頃からの志賀の友人　（『新生』第一部四三）

⑦ 信州の山の上に七年の月日を送つた頃、　（「笑」『桃の雫』）

⑧ 曽て七年の月日を小諸の上に送つたことのあるわた

しが　（『伊香保土産』『桃の雫』）

⑨　私は信濃の山の上に七年も暮したことのある自分の経験から押して、　（「八　松江まで」『山陰土産』）

といった具合です。「七年」という年数を繰り返し使用しています。フランスへの旅立ちに際し、この「七年」という年数を明確に意識するようになったと思われます。藤村にとってこの「七年」という年数は、意識するにせよしないにせよ、藤村の人生リズムを考えるうえで興味ある年数です。強引ではありますが、藤村の七十二年の生涯を私なりに区切ってみました。

①　誕生から上京まで　0～9　10
②　小学校時代　10～15　6
③　明治学院とその後　16～20　5
④　『文学界』及び仙台時代とその後　21～28　7
⑤　小諸時代（小諸義塾・妻冬との小諸での生活）　29～35　7
⑥　新片町時代（妻冬との東京での生活と冬の死前後）　36～42　7
⑦　新生事件前後（島崎こま子との関わり）　43～49　7
⑧　加藤静子との出会いとその後　50～56　7
⑨　加藤静子との結婚及び『夜明け前』の完成へ　57～64　8
⑩　『夜明け前』完成以降　65～72　8

正確に「七年」というわけではありませんが、ほぼ「七年」というリズムが底流しているように私には思えるのです。その根底には、芭蕉が意識していていた「一処不住」の精神が通底していると思われます。

二　藤村の旅の意識

ところで、「一処不住」というような藤村の旅意識はいつから始まったかというと、明治十四年九月、春樹九歳の時、兄に連れられ上京し、高瀬薫方・力丸元長方・吉村忠道方を転々とした頃と考えて良いかと思います。

その旅意識が芭蕉の旅意識と重なり、観念ではなく、身についた実感としての旅意識になったのだと思います。藤村にとっての旅は、故郷を出て東京に出たことから始まります。その後、失恋の思いを抱きながらの関西漂泊・宮城学院赴任の仙台への旅・小諸義塾への赴任・フランスへの三年間の旅・その間に小さな旅を幾つかしていますが、晩年の旅としては国際ペンクラブ大会参加のためブラジル・アルゼンチン、帰国途次のアメリカ東海岸・ロンドン・パリの旅等です。数えあげるだけでも、当時としては珍しいくらい多くの旅をしています。

ここで、旅と旅行の違いについて一言述べておきます。

現在の旅行というのは、多少の時間の遅れがあったとしても、目的地にほぼ計画通り予定通りに着きます。しかし昔の旅は、いつ着くのか、また、無事に着けるのかどうか、不安なことばかりです。芭蕉の旅を考えますと、ある時には馬に乗る、お籠に乗ることもありましょうが、殆どが歩く旅でした。「旅に死す」という覚悟がなければ長旅は出来ませんでした。藤村の時代は芭蕉の旅と比べれば、それ程ではないにしても、歩く旅に加えて船の旅・汽車の旅が中心であったと思われます。いずれにしても時間のかかる旅でした。今はどうでしょうか。日本から、飛行機で十二時間あればフランスまでも行くことが出来ます。藤村の頃は、船の旅だと四十日、喜望峰を廻ると五十日を越えるような旅でした。そんな旅だったからこそ『海へ』とか『平和の巴里』・『戦争の巴里』・『エトランゼ』とか『巡礼』とかの紀行文が生まれたのです。童話にも『幼きものに』等があります。目的地に行くのに、計画的に行けるか、何時着くかもわからず命を懸けるか、このような意味からすると、今のたびは「旅行」であるし、藤村の頃のたびは、まだ「旅」というのに近いと思われます。

『櫻の實の熟する時』の最後のあたりに、芭蕉の『奥の細道』の引用がありましたが、『巡礼』の冒頭付近でも芭蕉について触れています。

> 青年時代から自分を導いて呉れた古人は、今また遠く自分を導いて呉れるであらうなぞと思ひながら、この旅に上つたわたしだ。

と記しています。と同時に、出発の準備に忙しい中、芭蕉終焉の地である大阪・御堂筋本町を訪れ、そこにある芭蕉句碑「旅に病んで夢は枯野をかけめぐる」の前に手向けの花を捧げ、旅の平安をねがっています。それを旅立ちの記念とするというのが、『巡礼』の冒頭付近に次のように描かれています。

> そのあわたゞしさの中で、朝早く宿の番頭を案内に頼み、かねて『花屋日記』などで想像してゐた芭蕉終焉の地なる久太郎町を訪ねて来た時のことも忘れがたい。「旅に病んで夢は枯野をかけめぐる」の一句が石に彫り刻まれて僅かに街路樹のかげに立つばかり。句碑の周囲に植えてある「もつこく」の木も誰の手向けかと眼についたが、市街も変り改まつて、ほとほと往時を追懐するよすがもなかつた。しかし自分としては忘れがたい古人終焉の地を踏むといふだけにも満足

し、附近の花屋から求めて行つた草百合、なでしこ、桔梗なぞをいささかのしるしばかりにその句碑の前に置いて立ち去つた。

（『巡礼』一　船出）

とあります。青年期の『櫻の實の熟する時』の芭蕉を求めての旅立ちから始まり、晩年の『巡礼』の旅に至るまで、常に芭蕉の旅が藤村の心の中にあったと考えられます。その芭蕉の旅の意識が特に強くなったのがフランスへの旅でした。フランスで孤独な日々を送ったことが、一層藤村の旅意識を強く掻き立てたのではないでしょうか。

『海へ』という紀行文があります。フランスへの船旅の往還を記したものですが、その本の見開きに「心を起さうと思はゞ先ず身を起せ」という言葉があります。フランス出発前の藤村は、姪のこま子のことで、だれにも打ち明けられない苦悩を抱いていました。毎日が憂鬱の日々であったに違いありません。そうだからこそ、その苦悩と憂鬱を打ち破って行くには「身を起す」しかない、そういう言葉が「海」の方から聞こえてきたとあります。「心を起さうと思はゞ先ず身を起せ」、その言葉は、自分を励ます自戒の言葉であったのかもしれません。繰り返し繰り返し自分に言い聞かせた言葉に違いありません。そんな思いを抱きながらフランスへ行くわけです。

次に、芭蕉の旅と藤村の孤独感についてお話します。

三　芭蕉理解の深まりと藤村の孤独

旅人意識、異邦人意識と孤独の問題です。『新生』の中にはこの言葉が繰り返し使われています。『新生』の中から、旅人・異邦人・孤独感等のよく描出されている箇所を抜き出してみました。

① 岸本は最早旅人であるばかりでなく同時に異人であつた。（中略）是から先逢ふ人達によつて右とも左とも旅の細道が別れて行つてしまうやうな不思議な心持が彼の胸の中を往来した。（『新生』第一部五十七）

② 異郷で初めて逢ふ正月、羅馬旧教国らしいカアニバルの祭、その肉食の火曜もミ・カレエムの日も、彼の旅の心を深くした。（中略）ガボオの音楽堂に上つた時でも、何時でも彼は飄泊者としてであつた。（『新生』第一部六十三）

③ 彼は巴里へ来てから送つて居る自分の旅人としての生活を胸に浮べながら下宿の方へ帰つて行つた。（『新生』第一部七十一）

④ 一年ばかりといふものは、まるで歩きづめに歩いて居た旅人のやうな自分の身を胸に描いて見た。

⑤　あだかも樹陰に身を休めて行かうとする長途の旅人のごとくに、（『新生』第一部七十二）

⑥　「永遠」といふものに対ひ合つて居るやうな旅人らしい心持に帰つて行つた。（『新生』第一部百三）

⑦　旅は自分の生活を変へたばかりでなく物の考へ方をも変へさせた。（『新生』第一部百四）

⑧　日は一日より岸本の旅の心は濃くなつて来た。（『新生』第一部百十七）（中略）彼は旅人らしく自分の周囲を見廻すと、（中略）彼の願望は岸本が旅の心を深くさせた。（中略）「お前も支度したら可いではないか。澱み果てた生活の底から身を起して来たといふお前自身をそのまま新しいものに更へたら可いではないか。お前の倦怠をも、お前の疲労をも――出来ることならお前の胸の底に隠し有つ苦悩そのものまでも。（『新生』第一部百二十二）

⑨　仙台の旅は斯うした彼の心を救つた。（『新生』第一部百二十六）

⑩　節子のために再婚を断念して掛つた岸本が斯うして家庭といふものを出てしまふということは、そして旅人の生活に帰つて行くといふことは、寧ろ彼には当然の成行きと思はれた。（『新生』第二部　八十）

⑪　私はあの漂泊の一生を送つた芭蕉のことなどを胸に浮べて見て自分の旅の心をさかんにしやうと思つたのです。（『戦争と巴里』）

といった具合です。これら『新生』等の引用文中にある通り、藤村はフランスにおいて「旅人」意識を強くもったことがわかります。何度も何度も繰り返し出てきます。「岸本は最早旅人であるばかりでなく同時に異人であつた」「一日は一日より岸本の旅の心は濃くなつて来た。」とか、「漂泊の一生を送つた芭蕉のことなどを胸に浮べて見て」と、このフランス体験を通して、芭蕉の「旅人意識」を強く実感したのであります。

次に、藤村の生涯における芭蕉との関わり、藤村の芭蕉受容の実態を見ていきたいと思います。

四　藤村と芭蕉

藤村の芭蕉との関わりについて、大胆ではありますが、四期に区分して考えてみました。

第一期としては、青少年期から関西漂泊の前後までの時期、即ち、仙台赴任前の時期

第二期としては、仙台赴任以後から渡仏までの時期

第三期としては、藤村のフランス滞在中から帰国後の加藤静子とめぐり合う前、即ち『処女地』発刊以前

の頃までの時期

第四期としては、加藤静子との出会い及び結婚以降の時期

以上の四時期を想定した上で、藤村と芭蕉との関わりを見ることにより、藤村の芭蕉受容と藤村の人生との関わりについて考えてみます。

〈第一期　青少年期から関西漂泊の前後まで〉

藤村の関西漂泊の時期前後には、たくさんの芭蕉に触れた文章があります。まず、「故人」という文章について考えてみますと、この「故人」は、北村透谷の「松島に於て芭蕉翁を読む」（『女学雑誌』明25・4・22）という文章に刺激されて書かれたものですが、透谷は「松島に於いて芭蕉翁を読む」の最後のところで、〝夢なのか現実なのかわからない状態で破笠弊衣の老翁を見た〟とあります。しかし、藤村の場合、芭蕉の現れ方は、透谷と大いに異っています。

うつつの夢をたよりとして故人を尋ねんとするはおろかなる業なれど、これも風雅の迷いなるべしと七日の朝よりは残る隈なく諸方の山々を馳せ廻る心なりしが、この日あやにく客あつて閑談に時をうつし、一人を送りて一人を迎へいつかひぐらしの音の高きに驚きて今日の夕暮れまでに故人に遇はんと夢みしは迷いの上の迷いなりしか………

（「故人」『女学生』明25・8・22）

と思いながらも富士川の辺にやって来ます。「再び行かんとすれば後の方にて異なれる声を聞きぬ。あやしきことに覚えてこなたの松の樹影を見れば、つゞれに包みたる捨子なりけり。」（「故人」）とあります。芭蕉はこの地で、「猿を聞人捨子に秋の風いかに　桃青」という句を詠み、つづけて「いかにぞや、汝父ににくまれたるか、母にうとまれたるか。父はなんぢを悪ムにあらじ、母は汝をうとむにあらじ。唯是天にして、汝が性のつたなきをなけ。」（芭蕉「野ざらし紀行」）と記し、捨子を拾うこともなくその場を立ち去っています。しかし、ここで藤村は、「予は故人を尋ね得たりと捨子を抱きて名月をのぞむ」と捨て子をひろうポーズをとります。また、芭蕉は旅に疲れてやっと宿に着いた折、「くたぶれて宿かる頃や藤の花」という句を詠んでいますが、藤村は

ここにまた故人を見たり藤のかげ

ほのぐらき行燈の影に茶を飲み袋を解き、ひとり故人をしのぶの心を得たらんものは百里の途をたどりて始て一友と相見たるのよろこびを語るべし。

（「かたつむり」『文学界』明26・3・30）

と、「藤のかげ」に芭蕉の姿を見るのです。また、「芭蕉風月庵の二碑を廃寺にさぐり、須磨寺に詣でて平家一門の名残をかなしむ」とあります。「刀鍛冶、堀井来助」（『文学界』明26・6・30）という文章もありますが、これも藤村の関西漂泊の折に書かれたものです。「ことし鳩の湖のほとりに詩をたづねてはからず老人を鳥居川村に見たり。」とあります。その老人が「刀鍛冶、堀井来助」ですが、その老人の姿は「短髪秋霜の如く老骨剣に似たり、今ここに自ら古人のおぼろ悌かげに立つの心地せられて……」とあるように、「堀井来助」の姿と芭蕉の姿とが重ねられ、「古人のおぼろ悌かげに立つの心地」と眼前に芭蕉がいるかの如く髣髴とさせているのであります。このように、この時期の藤村の芭蕉理解は、「捨子」「藤の花」「芭蕉風月庵」「刀鍛冶、堀井来助」等、眼前の物や人を通して芭蕉の姿を実感的に把握しようとしています。

　また、藤村の関西漂泊の旅は、東京から近畿の須磨・明石・吉野・琵琶湖周辺等をさすらう旅でしたが、この旅はとりも直さず、芭蕉の「野ざらし紀行」「笈の小文」の旅と重なっています。いわば芭蕉の足跡を辿る旅といってよいでしょう。

　このように、この時期の藤村は、外形的類似性を求める、つまり芭蕉のたどった道や芭蕉の姿を追体験して、また、芭蕉の見たものを通して芭蕉の面影を髣髴とさせる……といった芭蕉受容であり、また藤村の芭蕉理解といってよいのではないでしょうか。

〈第二期　仙台赴任以後から渡仏まで〉

　仙台へは私は寂しい旅をした。然しあの仙台の一年はいろいろな意味で私には忘れることの出来ない時代であつた。日頃思慕する古人なぞが自分等と同じ年頃には何を思い何を書いて居るやうな青年であつたらうか、そこへ気づくやうになつたのもあの時代だ。

（「文学に志した頃」『飯倉だより』所収　大11・9・5）

　仙台赴任以後の藤村、即ち『若菜集』『落梅集』等の頃に見られる藤村の「旅」に対する思いには、単なる古人の足跡を尋ねるような「旅」ではありません。古人を慕う「旅」から離れ、現実の人生から脱離するための「旅」という意味合いを強く帯びて来ます。また、「日頃思慕する古人なぞが自分等と同じ年頃には何を思い何を書いて居るやうな青年であつたらうか、そこへ気づくやうになつた」

とあるように、年老いた芭蕉を追い求めるのではなく、芭蕉の年齢と自分の年齢を比べ見る姿勢へと変化しているのです。


「俺の家は旅舎だ――お前は旅舎の内儀さんだ。」

「では、貴方は何ですか。」

「俺か。俺はお前に食物をこしらへて貰つたり、着物を洗濯して貰つたりする旅の客サ。」

「そんなことを言はれると心細い。」

「しかし、斯うして三度々々御飯を頂いているかと思ふと、有難いやうな気もするネ。」

斯んな言葉を夫婦は交換した。

ヒョイヒョイヒョイと夕方から鳴出す蛙の声は余計に旅情をそゝるやうに聞える。

それを聞くと、三吉は堪へ難いやうな目付をして、家の中を歩き廻つた。（「家」〈上〉第五章　明44・11・3）

第二期における藤村の芭蕉受容は、直接芭蕉を追うものではなく、今の自分の置かれている状況を見据えながら、芭蕉の心を思い、「旅」そのものの、人生におけ「たび」の意味を考えるようになってきています。「芭蕉そのものの心」へと藤村の目は向き始めているのです。一般的に言えるかどうかは分かりませんが、ある年齢までは上ばかり見て理想の人・尊敬する人達の姿かたちを追い慕いますが、ある年齢になると現実の自分と思慕する人達の現実やその心の追及へと眼が向くようになって来ます。藤村の仙台時代はまさにそのような時期だったのではないでしょうか。次に第三期の、藤村の芭蕉受容についてです。

〈第三期　藤村のフランス滞在中から、帰国後の加藤静子とめぐり会う前、即ち『処女地』発刊以前の頃まで〉
この時期になると、芭蕉に関しての藤村の文章が一挙に増えて来ます。同伴者的な様相が強くなってくるのです。そして、それが藤村自身の生きる姿勢と重なり、藤村自身の孤独感と相まって、「旅」する動的な芭蕉ではなくて、孤独にひとり坐す静的な芭蕉に目が向い始めます。

旅の鞄の中に『芭蕉全集』を入れて参りました。斯うした客舎で『奥の細道』なぞを読んで見ることは、それが自分に不思議な力と暗示とを与えて呉れる。
（「街上　八」大4・8・13東京朝日新聞
『戦争と巴里』所収　大4・12・24）

とあります。「新生事件」を起こした藤村にあって、日本から逃れ、異国フランスでの孤独な藤村の心境と、孤高であるが故の孤独を実感している芭蕉の心が奇妙に一つに重なっているのです。

私達が自分の国にある昔の詩人のことを考へて見る場合にも、今でもあの芭蕉なぞに動かされるといふのは何のためでありませう。仮令時代を異にし、思想を異にする元禄と大正との隔りがありましても、あの動揺に静座した芭蕉の生涯は長く人の心を動かさずには置きますまい。

（「市民講座」講演中第五篇『朝日講演集第五輯』大阪朝日新聞社刊　大9・9・1）

「旅」をする芭蕉の内面を貫く、「動揺に静座した芭蕉の生涯」が、藤村にとって重要であり、その意味をもってきます。

芭蕉の生涯は旅人の生涯であつたばかりでなく、漂泊者の生涯であつた。「漂泊の思ひやまず、」と道の記の中に書いてあつたと思ふ。芭蕉に行かうとするものは、あの言葉の光を捉へることを忘れてはなるまい。

やがて死ぬ景色は見えず蝉の聲

この句は漂泊者の精神の光景を指摘して見せたやうで、何となく胸に迫る。

芭蕉は精神上の旅人でもあつた。西行へも旅し、定家へも旅し、万葉の諸歌人へ旅し、李白へも旅し、杜子美へも旅し、寒山へも旅した。漂泊に徹したこの詩人は、一歩は一歩より動揺の上に静座する精神的の生活を創造して行つたように見える。

（「芭蕉のこと」『春を待ちつつ』所収　大14・3・8）

「やがて死ぬ景色は見えず蝉の聲」という芭蕉の句に、「漂泊者の精神の光景」を見る藤村、それはとりもなおさず、生を見つめる藤村自身の精神の光景を如実に表わしています。その生きる姿勢は、まさにこの当時の藤村自身の生きる姿勢と重なっているのです。現実に目をすえ、じっと静座しながらも、藤村の心は懸命に動いているのです。

ある人から、屏風に帳る言葉が欲しいと依頼された時、藤村は、芭蕉の次のような言葉を書き記しています。

静かに見れば物みな自得すといへり。（猿蓑の跋より）

予が風雅は夏炉冬扇のごとし、衆にさかひて用ふるところなし。（紫門の辞より）

古人の跡を求めず、古人の求めたるところを求めよと

南山大師の筆のあとにも見えたり。（紫門の辞より）
愚かなるものは思ふこと多し。（閉関の説より）
青鷺の眼を縫ひ、鸚鵡の口を戸ざさんことあたはず。（句合の跋より）
山は静かにして性をやしなひ、水は動いて情をなぐさむ。（洒落堂の記より）
朝を思ひ、また夕を思ふべし。（行脚の掟より）
さくらをばなど寝所にせぬぞ、花に寝ぬ鳥の心よ。
（花の句の前書より）

（「小屏風の言葉」『春を待ちつつ』所収　大14・3・8）

このような言葉の中には、「新生事件」をやり過ごし、静かに自分自身の内向と向かい合った藤村自身の心境がよく反映されています。静かに座りつづけ、嵐のような世間の非難等が通り過ぎるのを待っている藤村自身の生涯と重なっているのです。そして藤村自身の生きる姿勢が、これら藤村が選んだ芭蕉の言葉からよく見て取れます。

また、「春を待ちつつ」（大14・1・28朝日新聞）の中にある言葉ですが、二十九年前の仙台行きのことを、大正十四年に振り返り、芭蕉の言葉と関連させながら、次のように記しています。

長い旅の途中には私は「経験」そのものと言ひたいやうな髪の白い翁にも逢つた。物に澱まず、滞らず、世と共に押移ることを私にささやいて見せるのもその髪の白い翁だつた。ある友達はまた私の傍へ来て、あまりに人生を重く見るな、あまりに真剣になるものではないと、私にささやいて呉れることもある。

（「春を待ちつつ」大14・1・28朝日新聞
『春を待ちつつ』所収　大14・3・8）

藤村イコール芭蕉であり、芭蕉イコール藤村といってもよいでしょう。自分の心境を芭蕉の言葉そのものに託していますし、「動揺に座した芭蕉」の姿に藤村自身の生き方を見い出しています。

芭蕉。それほどの野蛮人は私の内にも潜んでゐるかも知れない。その力なしに、どうして私なぞがこゝに立つてゐられよう。

芭蕉。私が土をつかまうとするのは、あの嬰児に似ているかも知れない。御覧、あの嬰児ぐらい弱々しくて、物をつかまうとする力の強いものもない。幹は弱く柔く、葉は破れ易く、そして根は強く——私の本領はそれだ。

芭蕉。さうだ、この雪を通り越すことなしに、私達は新しい春にめぐり逢ふことも出来ないのだ。いつか私はこの笠を脱ぎ、蓑を脱ぎ、堅く巻きつけられた縄をも捨て、もう一度広々とした青空を仰ぎ見るやうな日を迎へるだらう。もしその日が来たら、私の新しい巻葉が青い喇叭を見るやうになつて、日に日に延びて、もう一度お前のために楽しい静かな蔭をつくるだらう。

（「草の言葉」『女性』昭3・4・1
『市井にありて』所収　昭5・3・20）

ここにある芭蕉は植物の芭蕉です。芭蕉は野ざらしの植物であり、「幹は弱く柔く、葉は破れ易く」、しかし「根は強い」、それが芭蕉の本領です。この「芭蕉」の言葉に、この時期の藤村の心境がよく反映しています。

「それほどの野蛮人は私の内にも潜んでゐるかも知れない」とありますが、この言葉には、現実にどんなことがあっても、じつと静座しているかに見える藤村自身の生きる姿勢、また、どんなことがあっても生きてゆかなくてはならない藤村の秘めた熱い思いがみてとれます。続いて「その力なしに、どうして私なぞがこゝに立つてゐられよう」とありますが、たとえ現実生活において、深い苦悩、動揺が内在していたとしても、「野蛮人」の力がある限り、この世を生き抜いてゆけるのです。「どんなにかして生きて行きたい」という藤村自身の腰骨の太さの秘密は、こんなところに潜んでいるものと思われます。藤村は「土の中を潜る」・「根は強く」・「雪を通り越す」等の言葉の中に芭蕉の特質を見ていますが、それはとりも直さず、「新生事件」以後の藤村自身の社会に処する姿勢でもあったと思われます。動かず静座し、物事のなりゆきを静観する生き方です。じつと時を待つことにより、「私達は新しい春にめぐり逢うことも出来」ると考えているのです。この生き方は、『夜明け前』の松雲和尚の生き方と酷似しています。このような意味からすると、「草の言葉」の芭蕉の言葉は、「新生事件」以後の藤村の内面を象徴的に語っていると思われます。

〈第四期　加藤静子との出会い及び結婚以降〉

年若い時分には、私は何事につけても深く深くと入つて行くことを心掛け、また、それを歓びとした。だんだんこの世の旅をして、いろいろな人にも交つて見るうちに、浅く浅くと出て行くことの歓びを知つて来た。

（「六十歳を迎へて」昭6『桃の雫』昭11・6・5）

この言葉は還暦を迎えた藤村の感懐ですが、芭蕉晩年の心境の「重み」「軽み」と重ね合わせて思うとき、大変興味深いものがあります。「年若い時分には、私は何事につけても深く深くと入つて行くことを心掛け」た。しかし、今は「浅く浅くと出て行く」ことに歓びを知るようになって来たと言うのです。

『山陰土産』の中にある、旅の動機を述べた箇所が興味を引きます。

朝曇りのした空もまだすゞしいうちに大阪の宿を発つたのは、七月の八日であつた。夏帽子一つ、洋傘一本、東京を出る前の日に「出来」で間に合わせてきた編み上げの靴もわらぢをはいた思ひで、身軽な旅となつた。こんなに無造作に山陰行きの旅に上ることの出来たのはうれしい。

とあるように、「身軽な旅」「無造作に山陰行きの旅に上ることの出来たのはうれしい」ことを強調しています。また、三十年あまり前の関西漂泊を思い返しながら、悲愴な覚悟での昔の旅をなつかしんでもいます。芭蕉未踏の地をこれから自分が旅するというある強い思いからでしょう。しかし、その旅は自己の内面へと向かう深刻なものではなく、「身軽な旅」であり、「多くの興味をかけて」、外に向かって自分を放つ旅でもありました。芭蕉の『奥の細道』を藤村流に『山陰土産』と軽くいなしている点、大変興味深いものがあります。

この「山陰土産」の旅において、藤村はよく、色紙の揮毫を頼まれています。揮毫した言葉は、現在残っている物を見る限り、全て芭蕉の言葉です。「山陰土産」の旅は、それ程芭蕉を意識していた旅であったと私には思えるのです。

冒頭のあたりでお話ししましたが、「『巡礼』一　船出」の箇所を再度引用しておきます。

自分としては忘れがたい古人終焉の地を踏むといふだけにも満足し、附近の花屋から求めて行つた草百合、なでしこ、桔梗なぞをいさゝかのしるしばかりにその句碑の前に置いて立ち去つた。おそらく青年時代から自分を導いて呉れた古人は、今また遠く行く自分を導いて呉れるであらうなぞと思ひながら、この旅に上つたわたしだ。

（『巡礼』昭15・2・15）

芭蕉の死を越えて、国際ペンクラブ大会参加のための旅に上らんとする藤村の姿勢がよく見てとれます。最後のところに、「青年時代から自分を導いて呉れた古人は、今また遠く行く自分を導いて呉れるのであらう」などと思いながら、日本を旅立ったのです。藤村にとって感無量の思いがあったろうとは確かであり、芭蕉の「旅に病んで夢は枯野をかけめぐる」という芭蕉の死を越えて生きていこう、生あってこそという思いを強くしたに違いありません。芭蕉を求めて芭蕉に行き着いた藤村の姿をそこに見ることができるといっても過言ではありません。

五　旅と人生

同じ老年とは言つても、人生の旅は一筋道ではなささうだ。去年の初秋、私はある河のほとりに沿うて山道を旅したことがある。私の降りて行く道は、やがて河の流れて行く道だ。その時、私はさう思つた。昼夜を止めずに低きに就くやうなこの水は、進みつゝあるのだらうか、それとも帰りつゝあるのだらうかと。

（「昭和六年のはじめに」『桃の雫』所収昭11・6・5）

今までの「人生一筋の旅」への思いとは異なり、「人生の旅は一筋道ではなさそうだ」とか、「水は高き方より低きに就く」という一方方向のものとは変わり、「昼夜を止めずに低きに就くやうなこの水は、進みつゝあるのだらうか、それとも帰りつゝあるのだらうか」と記しています。「古人も多く旅に死せるあり」と断定するのではなく、「古人も多くの旅に死せりとやら」と婉曲になり、その旅によって、多くのものを得ることができ、日常を豊かにすることが出来ることに思い至っています。

また、「旅」そのものについても、昔と今とを比較し、

朝を思ひ、又夕を思ふべしとか。昔の人に取つてこそ、旅も修行ではあつたらう。前途百里の思ひに胸が塞がると言ひ、日々の道中に雨風を厭ふと言ひ、旅は九日路のものなら十日かゝつて行けと言ふほどにして、思はず荒く踏み立てる足まで大切にするやうな昔の人の心づかひは、今日旅するものゝ知らないことである。思へばわたしたちの踏む道は変わつて来た。多くの人に取つて、旅は最早修行でもない。

（「交通の変革が持ち来すもの」『桃の雫』所収　昭11・6・5）

「交通の変革」によって、旅そのものの意味も変質してきています。「修行」であった「旅」は、「最早修行でもなんでもなくなってきました。「電車、自動車は一ト息にわたしたちを終点地へと運んで行」ってくれます。苦行・

修業的道を踏まなくても、乗り物に乗っているだけで目的地へ到着します。到着したところから次の一歩を踏みだせば、それはそれで意味があるのが現代の旅です。このように思い到るようになった藤村は、すでに芭蕉の生きた年齢を越え、芭蕉の行き尽くしたところから人生を生きようとする姿勢に大きく変わって行こうとしたのです。重苦しい芭蕉から、内心では芭蕉を強く意識しながらも「浅く浅く出て行こう」とする芭蕉理解へと変化しているのです。芭蕉が目指した「軽み」の世界です。

次に「棕櫚と躑躅」の会話を引用しておきます。

棕櫚。お前がよく動いて歩くことも、お前の辛抱強いことも、私はよく知つて居る。お前はあの椿の前へも動き、青桐の下へも動き、山茶花のかげへも動いた、どうかすると一日のうちに二度もお前の位置の変つて居たことを、私はよく覚えて居る。

躑躅。私は漂泊の身だ。こんな僅かばかりの庭の内でさへ私はあちこちとさまよひ歩いて居る。

棕櫚。お前が漂泊者なら、私は旅人だ。私はもう何年となくこの土に根を張つて居るが、何となく異郷から来たもののやうな不調和を感ずる。人間はちひさな時分から賢いもので、ある時この私の側へ来て、「毛の生えた木がある」と言つて見せた子供がある。私の幹に附着する旧い葉の柄の脚部からは、毛髪のやうな繊維が垂れ下つて居て、実はそれが私のどういふ国の生れだといふことを最もよく語つて居るのであるが、この私を「毛の生えた木」とは、子供の眼にすらそんな不調和を感ずるのかも知れない。私の分裂した葉には、これでもなかなか規律がある。この葉が描いて見せる円味のある線は、遠い熱帯の空でなければよく調和しないやうなものかも知れない。

（省略）

躑躅。私達ほ無抵抗だ。けれども私達は人間のやうに焦らない。人の生涯は何といふ驚くべき争闘の連続だらう。彼等が焦るのは、さうして斯の世を急がうとするのだらう、それに比べると、私達はもつと長い生命のために支度をせねばならない。私達の仲間には何百年もかゝつて静かに斯の世を歩いて行くものすらもある。

（「樹木の言葉」『飯倉だより』所収　大11・9・5）

この「棕櫚と躑躅」の会話には、藤村の人生観が象徴的に表現されているように思われます。躑躅が言うように「私達は人間のやうに焦らない。人の生涯は何といふ驚くべき争闘の連続だらう。彼等が焦るのは、さうして斯の世を急がうとするのだらう、それに比べると、私達はもつと長い生命のために支度をせねばならない」とあるように、まさに人間界における「人生の旅」は「闘争の連続」かも知れません。しかし「私達はもつと長い生命のために支度をせねばならない」というのは、藤村自身の「人生の旅」に対する心構えでもありましょう。

おわりに

最後に藤村の随想「六十歳を迎へて」の感懐を引用して結びに代えたいと思います。

年若い時分には、私は何事につけても深く深くと入つて行くことを心掛け、また、それを歓びとした。だんだんこの世の旅をして、いろいろな人にも交つて見るうちに、浅く浅くと出て行くことの歓びを知つて来た。

（「六十歳を迎へて」昭6『桃の雫』所収　昭11・6・5）

人生において、一度は深く入らないと物事の本質は見えてこないのです。しかし、深く入ったままだと一つことに捉われて、反対に人生は見えなくなってしまいます。深く入ったままでもよくないし、まして浅いままでは物事の本質は見えてきません。「深く入って、浅く出る」、晩年の芭蕉の心境である「軽み」という精神に心惹かれたのだと思います。藤村は、芭蕉の生涯とその生き方に強く惹かれながら「人生は旅」であるということを、身をもって味わったのが藤村の人生であったと言っても過言ではないでしょう。

以上で「島崎藤村――旅と人生――」の講演を終ります。ご静聴ありがとうございました。

＊本稿は「島崎藤村学会　第45回全国大会　城崎大会（平30・9・29）」での講演「島崎藤村　―旅と人生―」に大幅に手を入れ、加筆修正したものです。

（比治山大学名誉教授）

『破戒』以前の部落問題文芸作品

――人権思想の視点から――

倉持　リツコ

はじめに

本論は、明治初期から『破戒』までの時期に限定した部落問題文芸作品を取り上げる。部落問題作品と言えば、藤村の『破戒』が真っ先に取り上げるが、『破戒』が出版直後から大きな反響を呼び、部落問題を国民の間に広く注目させたことは改めて述べることもない。しかし、『破戒』の発表以前、部落問題に関わる作品は管見によれば、四十一篇を数えることができる。これらの作品は『破戒』と比べると、文学作品としての評価は全般的に低い。それはなぜなのか。今回は、それらの中から代表的な作品を取り上げ、その理由について考察してみたい。

明治四年八月に公布された「賤民廃止令」、所謂「解放令」は、穢多、非人、遊人、雑業民等を対象に、その身分、職業ともに平民と同様にするとしたものである。つまり、身分制度の解体である。しかし、それが平民の強い反発を受け、府県によって布達を数ヶ月も遅延させたりした。高知、愛媛、三重などでは、部落民に対して、平民に引き上げる条件として、「キヨメ」の儀式を命じる例もあった。その要因には一般民衆の部落民に対するケガレ意識が強かったことは言うまでもないが、理不尽な強要がさらに差別意識を増幅させたといえる。

このような状況のなかに、身分差別の悲劇や身分違いの悲恋を主題とした部落問題小説が創られた。当時では、実際に彼らがおかれた状況を相照らして読む読者が多かったであろう。注目したのは、差別意識の根拠として、「世間」に意識される「血筋」が多くの作品に取り上げられたことである。また、藤村の『破戒』まで、部落問題を題材にした作品は数多くあったが、文学作品として高く評価されたのは『破戒』だけである。それらの作品はどのような視点から部落問題を捉え、社会にどのような影響を与えたのか、それらを究明すれば『破戒』の優位性が明確に見えてくる。今回は、人権思想がこれらの作品にいかに表現されていたのかという視点から論を展開する。

一　明治初期の部落問題作品

――江戸文学の残影の中で浮き彫りにされた部落民差別――

明治時代以降の部落民を題材にした作品の源を辿ると、つぎの六作品（1）〜（6）が挙げられる。現在知られている限り最も早い作品は、久保田彦作の(1)「鳥追阿松海上新話」[1]（明治一〇年）である。これは江戸の戯作の流れを受けた形で、合冊本の形式を採り、挿絵入りで文章を綴ったものである。この作品そのものは明治の前期に流行した実録小説であるが、非人の親子を登場させている。また、江戸時代の身分差別を描いた作品の一つは(2)「おこよ源三郎」という、旗本と非人の娘の悲恋話である。この作品は実録小説の形をとっているが、書かれた内容は勿論事実そのものというわけではない。注目したのは、当時の身分制度ではこのような差別が当然視されていた実態を如実に反映したことである。もう一つは、明治前期の代表的な文人・福地桜痴の長篇(3)「車善七」という、初代車善七の非人頭の誕生物語である。（二篇の梗概は一覧表を参照されたい）その他に、藤本藤陰の(4)「落葉」[2]、(5)「鋸びき」と幸堂得知の短編小説(6)「穢多の大望」[3]がある。以上の作品はいずれも、穢多への差別が当然だという江戸期の身分差別意識をそのまま温存させた内容である。

「鋸びき」は、宿屋の女中のお此が主人殺しの罪で江戸日本橋の畔で鋸びきをされ、さらし者になり、二日さらされて、鈴ケ森で磔の刑に処せられるという話である。部落問題を直接に取り上げてはいないが、お此がさらし者にされた時に、警備に当る弾左衛門や車善七の配下のことや市中引き廻しから刑場の処刑の配置などが詳しく記されている。具体的な描写によって、歴史書などでは一般的に知れ得ない史実を垣間見ることができる。

二　『破戒』以前の部落問題文芸作品の代表的な作品一覧表（別紙）

『破戒』が発表されるまでの代表的な作品の十七篇（前掲の(2)、(3)と(5)を含む）を創作時代順にリストアップし、差別の問題意識の有無や差別からの脱却方法の提示と人権思想の根拠、という三つの点を重視して考察する。これらの作品を総観してみると、ある程度明治三十年代の文学の一側面を浮かび上がらせることができる。紙幅の関係により、今回は、「おこそ頭巾」、「移民学園」などの五作品を中心に論じる。梗概については、本文のなかで触れていない場合は、作品一覧表の2を参照されたい。

三　文明開化と自由民権思想

明治憲法発布、国会開設直前の明治二一年に、松の家みどり（本名松本董宣）の「開明世界・新平民」と三品華彦の「砂中の珊瑚」の二つが刊行された。文体や構成にはまだ江戸の戯作調の名残があるが、内容的には教育立身論による部落民の改善を主張しており、その意味で言えば近代的な小説となっている。後の部落改善運動を見れば、この二つの作品の先駆性が認められる。[4] また、こうした系列に属する作品として、幸徳秋水の「おこそ頭巾」と清水紫琴の「移民学園」がある。これまでの部落問題作品と比べて、人間平等の思想の旗印を掲げ、人権意識を鮮明に訴えている点が作品の特徴である。

㈠　幸徳秋水の「おこそ頭巾」

「おこそ頭巾」は、いろは庵という幸徳伝次郎（秋水）と小泉策太郎（三申）の両者共通のペンネームで書いた短編小説である。明治二七年の十一月と十二月に、板垣退助の主宰する『自由新聞』に連載された。自由民権運動の時期に部落問題を題材とし、中江兆民の民権思想を反映した作品である。

「世間」という言葉は、この作品のキーワードであると読むことができる。そもそも、悲劇の引き金となったのは、父の荘左衛門が「世間の目」を憚って息子の芳三を非人の里子にやったことである。また、荘吉が新平民だと知った時、登場人物それぞれの示した反応が、彼らは常に「世間」を強く意識して生きていることを物語っている。例えば、実母が「新平民だ」と父に告げられた時、荘吉の受けた衝撃と心の葛藤がつぎのように活写されている。

> 初めて聞きし荘吉はあっとばかり唯だ夢心地、稍やありて我に返れば、冷水ざんぶと冒頭に注くが如く毛孔立ち、湧返る情なき愧しさ扨は恨めしさに、血を絞りたる唯だ一句、「新平民の子だったか」と、発しただけで、「石の如」く……

さらに、兄の芳三を探すことの覚悟を父に聞かれると、荘吉は「私も一家の恥先づ世間でいふ恥を曝し度くはありません」と即答、新平民であることが「世間へ顔向けの出来ぬ」、一家の恥だと思う荘吉の気持を自然に流露させている。現実をどうにか受け入れようとしても、「心の中、口惜しや何たる因果の生れなりしぞ、氣の故にや今夜よりは我身體、俄に汚れて臭き心地」がしてきた、という心理描写は荘吉のもつ被差別意識を端的に示している。

では、荘吉の叔母の千勢子はどうであろうか。千勢子は考え方が開明的で、思慮深い女性として造形されている。荘吉の出自を打ち明けられた時、彼女は「一度は色青ざむ」ほど驚いた。一瞬ではあるが、それは彼女の本能的な拒絶反応であろう。年頃の娘を案じる母として、千勢子は感情と理性の葛藤に揺れていた。荘吉が新平民であることを「口惜しくこそあれ、何の〳〵憎かるべき」と自分に言い聞かせながらも、この婚姻を認めれば新平民の「芳三が眞實の兄弟と名乗られては、亡夫の位牌の前に申し訳がたたぬ」と悩むのである。

そもそも「世間」とは何か、それを確認しておく必要がある。朝尾直弘の「日本近世都市の特質」(5)によれば、近世の「町」の共同体は「町内(ちょうじゅう)」と呼ばれ、町は一般的には〈町掟・町式目〉という規定があった。その第一は、町の構成員の決定や加入をめぐる規制であり、特定の職業や賤民の居住を禁じたものである。その第二に町民の成年、婚姻、相続や隠居などの諸礼儀を定めている。また、今西一は、その『文明開化と差別』のなかで、町の構成員を決定するのは「町」共同体であり、近世の身分を最終的に決めるのは領主権力ではなく、町や村の共同体側であると指摘する。(6)つまり、「世間」の実体は町や村という名の共同体であり、その共同体は構成員を決める権力をもっている。周知のとおり、『破戒』のなかでは、一般的な「社会(しゃかい)」と使い分けて「社会」に「よのなか」とルビを付けている。「おこそ頭巾」の登場人物たちが意識していた「世間」は『破戒』の「よのなか」と同義であるといえる。「世間」を成す共同体から弾き出された者の悲劇が両作品ともに描かれている。新平民ということで差別され、行き場を失った芳三は「世間」に排除された者の末路であり、生徒の前で素性を隠蔽したことを謝罪する丑松の土下座は世間の無情を物語っているとも読むことができる。世間の厳しさを知り尽くしていたから、丑松の父が「隠せ」と息子に固く戒めたのであり、他人を装って肉親の遺体を引き取ったのも、藤田父子が世間の目を憚って、素性の露見を恐れていたからである。

この作品の弱点として、次の点が挙げられる。新平民の子だと聞かされた時、荘吉の動揺と落胆ぶりは前述のとおりである。それにも拘わらず、その直後、荘吉は「青ざめした面」ではあるが、「活氣を帯びて」目を輝かせ、「新平民の子、宜しう御坐います、（中略）王侯將相種あらんやです、私は是から立派に新平民と名乗ります」と宣言し、父までが「善い決心だ」と明快な決断ぶりを見せた。まるで人権活動家のように振る舞うこの父子を見ていると、『破戒』の丑松を連想する。蓮太郎の著書をあれほど愛読し、その感化を受けながらも、丑松の口からついぞ聞けなかったこの人権宣言を、秋水は荘吉にあっさりと言わせたのである。問題は、その人権思想の裏付け、つまり、思想の依拠するものが作品に見当たらないことである。そのため、荘吉の言葉が唐突に聞こえるし、荘吉も、人権主義者としてのポーズを取らせた秋水の人形のように見える。ただし、時代背景や師である中江兆民から受けた影響であろうという推測は可能である。この小説の発表に先立ち、明治二二年、兆民が『東雲新聞』に、部落差別を否定し、「平等は天地の公道なり」と主張する「新民世界」を発表した。兆民の思想を受け継いだ秋水は、人間平等を訴えるこの思想を具現化しようとして、新平民（荘吉）と一般人（咲子）との身分違いの婚姻を成就させるというこの小説の構想を練りだしたのであろう。しかし、そこに透けて見える差別意識はやはり時代の制限であろうか。

（二）徳田秋聲の「藪こうじ」

明治二九年、作家を目指して身を立てようとした徳田秋聲は硯友社を率いる尾崎紅葉の門下生となった。当時では影響力のある『文芸倶楽部』に投稿した「藪こうじ」は秋聲の処女作とされている。明治維新後、「解放令」が布告され、「人の外に置かれ」ていた部落民は職業と居住の自由を得て、都会の周辺（新開地）まで押し寄せてきた。作品の冒頭部分から、このような時代のうねりと日本の近代都市化の変貌ぶりを写し出している。

この作品は、部落差別意識が深く浸透していた当時の世相及び差別される側の精神的な苦悩をリアルに描き出しているが、差別意識はそのまま作品に温存されている。例えば、主人公・赤木黙斎の人物造形にそれが顕著に見られる。「穢多とは思はれぬほど色白の身材高き紳士なり」と、その風貌を描写するが、彼には「頽然（ぶらり）と下りし大なる耳朶（みみたぶ）の下に空豆程の赤痣（あかあざ）ありて汚穢らしく、彼が遁難き穢多の血脈（ちすじ）を引たる章（しるし）」があるという説明が付加された。その「赤痣」こそが部落民の標識として作者が意図的に付けたものであり、部落民の主人公に一生付き纏う恥辱の烙印を隠喩していると解釈できる。また、主人公の性格を、「穢多だけに世を針の穴の狭く見て」いると決めつけて、それと対照的に、女中のお槙を「穢多ならぬ清浄な無垢の血脈を受得たる婦人」であり、黙斎一家は新平民だと知らずに女中として入ったのだと弁明している。

「解放令」によって、部落民の呼称が改められても、「血脈」は変えられぬという当時の社会の差別意識を浮き彫りにしたこの作品は、部落問題を題材にしているが、差別の現実を無批判、無思想に実写しただけで、差別に対する問題意識は見られない。むしろ、差別は当然だという前近代的な観念を継承しているという印象を受ける。

(三) 小栗風葉の「寝白粉」

徳田秋聲の「藪こうじ」(明治二九年八月『文芸倶楽部』)に継ぎ、紅葉門下の若い才能として注目された小栗風葉の短篇である「寝白粉」(同九月)が世に出た。近親相姦を匂わせた描写で風俗壊乱に問われ、掲載誌は発禁となったことがよく知られている。

心理描写が多く、奇異な兄妹関係を描き出しているのがこの作品の特徴である。読んでみると、兄は妹を異性として意識していると読みとれる描写が目たち、また、妹も嫉妬深くて、陰鬱な女性として人物造形されている。とくに、歪めた兄妹関係を示唆する結末の描写は問題である。

それについて、伊藤整が、(風葉は)、「特殊な人間関係の面白さが小説を形作る」という考え方により、「どうしても普通でない男女の関係を描いて小説の効果を出そうとする」[7]と評しているが、視点を変えて見れば、それが、部落問題の題材を借りた「深刻小説」である、換言すれば、この作品を通俗小説の域に止まらせたという低い評価を引き出した所以であると見ることができる。ただ、日清戦争直後の部落改善運動の起る状況のなかで、部落民の実態を如実に反映した点は否定できない。「藪こうじ」と「寝白粉」の「二篇は部落問題文芸作品として、明治前期から後期への転換をつなぐ、架け橋の位置にある」という北川鉄夫の肯定的な見解[8]も首肯できる。

(四) 清水紫琴の「移民学園」

清水紫琴の「移民学園」(明治三二年八月『文芸倶楽部』)は、民権思想によって部落差別を克服しようとする中篇小説である。「おこそ頭巾」と並んで民権思想を反映した作品として評価されている。

紫琴は、明治期の自由民権運動に加わった数少ない女性の一人である。中江兆民の影響を受けて、兆民の『東雲新聞』で男女平等を主張し、部落問題にも強い関心を示した。京都部落改善運動団体の集会で講演し、奈良県や四国の未解放部落にも足を運んだことがある。[9] 穢多村の惨状をリアルに描写し得たのもこれらの経験が活かされたのであろう。主人公が「女教師上がりの夫人」という人物設定にも、近代思想を知る知識女性である作者自身が投影されていると思う。

「移民学園」をはじめとする多くの作品は、差別からの脱却方法として移住や移民を常套手段としている。しかし、移住や移民という構想を文学作品に取り入れたのはこの作品が最初ではない。例えば、「移民学園」に先立つこと十年余り、杉浦重剛の「樊噲夢物語：一名新平民回天談」は、海外への移住を熱弁する部落民の姿を描いている。[10] その背景には部落改良運動や人口問題政策の一環として、明治政府による移民政策の推進の動きがあった。部落出身者の救済策として、とりわけ擯斥の慣習を解消するために、台湾・ハワイ・カナダ・メキシコ・アメリカなどへの移住が提唱されていた。とくに社会主義者の間で積極的な動きがあった。このような気運が高まるなか、一種の小説的な解決方法として、部落民の主人公を差別社会から脱却させ、海外へ雄飛するというロマンチックな発想が自然に生まれたのだろう。例えば、内田魯庵の社会小説『くれの廿八日』（明治三一年『新著月刊』誌）のなかに、差別のない理想郷として、メキシコの日本人村が構想されていた。

しかし、移住や移民という方法は、差別の根本的な解消と改善に結びつくものではなく、単なる差別からの逃避にすぎなかったといえる。

清水紫琴と島崎藤村との接点については、『破戒』が「移民学園」と類似しているという、瀬沼茂樹の指摘がよく知られている。[11] また、「「移民学園」の構想が、『破戒』製作に至る伏線ともなり得た」[12] と川端俊英も指摘している。ここでは、それらの指摘を裏付けるものを検証してみる。明治二四年、木村熊二を通じて、藤村は、『女学雑誌』の編集者の巌本善治に紹介され、編集の手伝いをしていた。[13] その前年、善治に招かれて、『女学雑誌』の常連投稿者であった紫琴が『女学雑誌』の編集責任者として迎えられた。また、紫琴は明治女学校で教鞭をとったこともある。このような状況から見れば、藤村にとって紫琴はけっして遠い存在ではない。『女学雑誌』を介して、活動をともにした間柄だったとさえいえる。藤村が部落問題を小説の題材にしたのは、小諸での生活が大きく影響しているが、紫琴の活動に触発されたことも考えられる。作品の構成や人物の設定などの類似点を見れば、『破戒』の構想にあたって、「移民学園」からヒントを得たと考えても不自然ではない。しかし、文学作品の量と質のいずれから見ても、「移民学園」は『破戒』に及ばないといわざるをえない。

㈤　正岡子規の「曼珠沙華」

「曼珠沙華」は、子規生前に発表されず、全集が編まれた時に初めて公表された短篇である。そのため、書かれた当時は評価を受けることなく、公表後も、子規の俳句が高く評価されても、この小説は注目されることはなかった。[14]しかし「四民平等」の人権思想を明確に主張している点から見れば、同時代の秋水の「おこそ頭巾」と紫琴の「移民学園」と並ぶ作品として評価できるといえる。

この小説は、玉枝という、自我に目覚めた少年を描いている。「毛一本でも不足の無い人間に生れて人間の交際が出来んのぢゃから。そんな理屈が天下にあるものか」と、玉枝は不条理な社会に対して疑問と反感を抱き、非人の少女を憐れに思う。「今日の四民同等の世の中に、固より廢人でもなければ悪人でもない、（中略）それをうぬ等が浅ましい心で軽蔑するとは、そもそも間違ふている」という、玉枝の独白は、身分差別社会への批判であり、目覚めた人権思想そのものだと理解できる。

作品の特徴の一つは、少女の人物造形に見せた新しさである。『破戒』を含め、これまでの部落問題文芸作品に登場する部落民の女性の多くは、「器量よし」、「花の如く麗しく」艶めかしく描かれている。それに対して、この作品に登場させたのは、美貌ではないが、「人の心を穿つ」魅力をもち、健康な少女である。絵に描いたような美女ではなく、血の通った人間としていきいきと造形されている。それによって、通俗小説の脂粉の気を感じることなく、悲恋話に清々しさをもたせている。

また、部落民は、猿回しなどの旅芸人として生計を立てていたことが多くの資料から分かる。少女の父を「蛇使い」として登場させたのもそれらの資料が裏付けとなっているだろう。「蛇使い」の鮮やかな技や蛇の動きがリアルに描写されている。その他に、楽しそうにお喋りをする花売りの少女や「蛇使い」を蔑む町の女と少女たちを追い払う巡査などの登場人物が、その息遣いまで感じるほど活写されている。それと対照的に、部落民が差別を受ける場面の具体的な描写は殆ど見られない。そのため、この作品は部落差別問題そのものを前面に出したものというよりは、下層社会に生きる人間にも等しく暖かいまなざしを向けている作品であるといえる。

おわりに

以上のように、人権思想が作品にいかに表現されていたのかという視点から、『破戒』以前の部落問題文芸作品の代表的なものを検証してみた。これらの作品は、当時の被差別部落民の営みやその苛酷な状況に目を向け、時代は明治に変わっても旧態依然とした差別の実態を描き出している。そして、差別する側の差別意識だけでなく、差別される側の問題意識の低さをも浮かび上がらせている。部落差別問題をめぐる実態を反映したこれらの作品は、明治三十年代の文学に現れた思想上の一側面として見ることができる。ただ、移民や移住、身分を超える婚姻などの方法をもって、部落差別の克服を図ろうとしたが、多くの登場人物は部落差別を運命として受け入れることを前提としている。作者を含め、登場人物には差別に対する問題意識は見られない。いわば、これらの作品は、差別の現実を描き出すことに留まっている。部落問題を深く論じる点から見れば、それらはやはり『破戒』には及ばないといえる。『破戒』の優位性は様々な面から論じられているが、出自の苦悩という形を借りて、自我に目覚め、人生を思索する青年の苦悩を深く、繊細に描き出したことが、この作品を名作に押し上げた要因であり、今日まで読み継がれている理由であると考えられる。

注

（1）一八七七年、久保田彦の戯作として発表、翌年、錦栄堂より刊行。一九七六年、『部落問題文芸・作品選集第三十巻』に収録。（世界文庫）

（2）藤蔭隠士『落葉』、金港堂より発表（一八九一年）、『部落問題文芸・作品選集第五〇巻』に収録。世界文庫（一九八〇年）

（3）幸堂得知「穢多の大望」『新小説』第五、第六号に掲載。（一九〇〇年）

（4）自由民権運動の影響を受け、一八九〇年代になると部落の有力者や官憲・地方行政家らによる部落改善運動が全国で展開される。この運動は、部落差別の原因と責任を部落の側に求め、部落民が働き富を蓄え、生活環境を整備するとともに、教育を高め、品行をよくする等の努力により差別の克服をはかろうとするものであった。（部落解放・人権研究所編『部落問題人権事典』より）

（5）『日本国家の史的特質（近世・近代）』思文閣出版（一九九五年）

（6）今西一『歴史文化ライブラリー127・文明開化と差別』吉川弘文館（二〇〇一年）

（7）『小杉天外小栗風葉後藤宙外集・明治文学全集』伊藤整編筑摩書房（一九六八年）

（8）『部落問題文芸作品選第一巻』「解説と改題」世界文庫（一九七三年）

（9）成澤栄壽『人権と歴史と教育と』花伝社（一九九五

年）、山口玲子『泣いて愛する姉妹に告ぐ―古在紫琴の生涯』草土文化社（一九七七）に詳しく紹介されている。

（10） 物語には、ひとりの隠士の「一場の夢」という形で、新平民の集会で見た光景を書いている。その集会で、南洋への進出を熱く語る場面が描かれている。

（11） 『《作品と作家研究》評伝島崎藤村』、実業之日本社（一九六七年）

（12） 川端俊英『「破戒」とその周辺―部落問題小説研究―』文理閣（一九八四年）

（13） 「藤村年譜」小諸市立藤村記念館編　二〇一〇年一〇月改訂四版

（14） この作品は、子規の「病床手記」を紐解くことにより、明治三十年に創作されたと推測されている。明治三九年十月一日「ホトトギス」第10巻第1号に部分的に紹介されたのは最初。大正一三年七月二五日、アルス版『子規全集』第10巻に編まれ、昭和五一年九月『子規全集』13巻講談社再録集された。（講談社版解説により）

（大東文化大学大学院博士後期課程２年）

『破戒』以前の部落問題文芸作品の代表的な作品一覧表

	作品名	著者	初出	的根拠
1	「おこよ源三郎」	作者不詳	1883（	を図ろう
2	「開明世界・新平民」	松の家みどり	1888（	
3	「砂中の珊瑚」	三品華彦	1888（	、内にあ
4	「おこそ頭巾」	幸徳秋水	『自由新聞』連載	ようとし
5	「藪こうじ」	徳田秋声	『文藝倶楽部』8月	
6	「寝白粉」	小栗風葉	『文藝倶楽部』9月	
7	「鋸びき」	藤本藤陰（藤本真）	『文藝倶楽部』	
8	「移民学園」	清水紫琴	『文芸倶楽部』8月	って、差別 想を掲げ、 解消を図ろ
9	『思い出の記』	徳冨蘆花	『国民新聞』連載	が、キリス 済を目指そ
10	「穢多村」	中村春雨（吉蔵）	『新声』8月号	的な救済を
11	「車善七」	福地桜痴	1901（	
12	「何の罪」	広津柳浪	『文芸界』1月号	って差別か
13	『花一本』	前田三遊	『芸備日日新聞』連	って、差別 差別の解 主義運動な
14	『想夫憐』	渡辺霞亭（黒法師）	『読売新聞』連載	って差別か
15	『琵琶歌』	大倉桃郎	『大阪朝日新聞』連	功を立てる うとした。
16	『新平民』	前田三遊	『芸備日日新聞』連	指そうとし
17	『曼珠沙華』	正岡子規	『ホトトギス』第10 第1号	別に対する

＊注：「ホトトギス」第10巻第1号に部分的に紹介さ

関係者とも
ひとりの外
を志した部
とを契機に
凄惨な末路
立派な邸宅
悪いと蔑ま
たが、「誰
漂泊の人生
当時の警備
の政治家で
ある。九州
でになる。
ている。
の人間が平
謀ろうとし
手離すこと
している短
妨げになる
息子は父の
雅子は、素
情を明かし
る婚姻美談
切って結婚
出征。入営
復縁。負傷
作品は閉じ
王の六兵衛
決して、妻
う部落改良
た）の燃え
でも行方不
町の寅吉の
島と京都駅

『破戒』以前の部落問題文芸作品の代表的な作品一覧表の 2

	作品名	
1	「おこよ源三郎」	旗本と非人の娘の悲恋話である。身分違いの結婚が断罪され、
2	「開明世界・新平民」	信州松代の部落の少年新田民之助は、東京に出て学問を修め、説である。
3	「砂中の珊瑚」	四民平等、差別撤廃を主張し、部落民の人格の涵養、部落改善
4	「おこそ頭巾」	青年藤田荘吉は、おこそ頭巾の女に兄の芳三と間違えられたこ間からの差別に怯えて、苦悩と放蕩の日々を送り、服毒というれた。
5	「藪こうじ」	「新平民の称呼と共に世の中に押出し」た赤木黙斎は、新開地でめられ、失意のなかで死を遂げた。その娘のお禮も「血筋」が
6	「寝白粉」	宗太郎・お桂は東京の天神前に銀杏屋という煙草店を営んでいと蔑まれ、世間の差別から逃れるために、住まいを転々とし、
7	「鋸びき」	主人毒殺した宿屋の女中が磔の刑に処せられるという話だが、とができる作品である。
8	「移民学園」	大臣の栄職にある今尾春衛は、自由思想家として知られる新進今尾夫妻は新天地の北海道へ移住することを決意する。
9	『思い出の記』	蘆花自身の思い出の断片を生かして書かれた自伝的長編小説でね、帝国大学文科を卒業し、在野の評論家として身をたてるまろうとして、伝道師を目指すひとりの若者の奮闘と挫折を描い
10	「穢多村」	聖書を手に穢多村に移住した若い牧師宮田は、神のもとで全て克服のために奮闘するひとりの伝道師の姿を描いた短編である
11	「車善七」	もとは武士だった善七は、父の仇を討つために、家康の暗殺をた。初代車善七の非人頭誕生の物語である。
12	「何の罪」	医師山瀬玄卿は、妻のお桂が部落の出身ということで、病院をを舞台にし、貧困に喘ぐ最下層の人たちの惨状がリアルに描か
13	『花一本』	部落出身で、巡査の妻となった花は、自分の素性が夫の出世のともめるなか、爆裂事件が起き、網三が命を落とした。二人の閉じられた。
14	『想夫憐』	部落出身の身分を隠して、退役軍人の養女として名門に嫁いだ誤解されて、不義密通の嫌疑をかけられた。改心した養父が事出した妻を探し当て連れて帰る。いわゆる、身分や階級を超え
15	『琵琶歌』	荒井三蔵と里野という部落民の兄妹の話である。兄妹の縁までうと、自分たちに同情を寄せる子爵の令嬢に妹を託し、勇んで鵄勲章が与えられた。妹の病も快方に向かい、夫に迎えられてできないまま、「何時までも孤独の生活を続ける」という結末で
16	『新平民』	固い愛情によって結ばれた、鼻緒屋の娘・お絹と同じ部落民青セン病の家系の隠喩）の斗計屋に婿入りした竹之助は、放蕩三出して、「人間としての価値」を知って、勤勉奮発を勧めるとい
17	『曼珠沙華』	三百年続いた旧家野村家の総領息子・玉枝は、曼珠沙華（彼岸れて、二人の恋は一場の夢となった。玉枝は心の病に罹り、少
18	『斧の福松』	部落民という素性の故に結婚差別を受けた福松はぐれて、五寸
19	『部落の娘』	差別を受ける状況から何とかして脱出したいと願う部落の娘の

再生を賭けた渡仏

――パリでの交流を通して――

三輪　眞理子

初めに

一九一三年（大正二年）四月十三日神戸を発った藤村は五月二十日にマルセーユ着、リヨンを経て五月二十三日パリに入っている。日露戦争のため欧州航路定期船往航を中止していた日本郵船は、明治三十九年博多丸に初の日本人船長を配し、欧州航路を再開している。明治四十三年には十一隻で二週間に一回定期船を就航、一万トン級（香取丸）の大型船も竣工しているにもかかわらずあえて言葉の通じないフランス郵船のエルネストシモン号を選んでいる。そして到着後数日でフランス語を習い始め、出来るだけ日本人と付き合わないと考えたところも藤村独自のスタイルがある。

藤村のフランス滞在は一九一六年（大正五年）四月二十九日パリを発つまでの約三年に及ぶ。本稿の目的はその渡仏準備も含めて滞仏期間における多くの日本人画家、学者、フランス人との交流を中心に日常生活を追うことで再生の過程を探ることである。

出発準備

渡仏にあたり最大の問題は費用であった。自分自身の渡航費、滞在費だけでなく兄に託していく子供たちの生活費、兄一家への援助も藤村の肩に掛かっているという状況であった。

藤村は自費出版のため持っていた『破戒』、『春』、『家』と短編集『微風』を含む『緑陰叢書』と感想集『後の新片町より』の版権を売却して費用を捻出しようとした。当時関連の深かった春陽堂や佐久間書房などに相談したが、その価格二千円は当時の出版社にとってかなり高額だったため計画は難航した。

困り果てた藤村に救いの手を差し伸べたのは新潮社であった。藤村の希望通り二千円で版権を譲り受けた新潮社に対して出版業界からは「無謀だ、今に潰れる」という声が上がったという。しかし大正二年四月出版された『緑陰叢書』は売れて新潮社は大きな利益を上げた。

周到な藤村の準備は有島生馬の紹介で下宿を決め、日本在住のフランス人キャミイユ・サランソン嬢に会って、その親戚にあたる国立図書館に勤めるユージン・モレル氏やシルヴァン・レヴィ教授への紹介状を受取っている。レヴィ教授は日仏会館館長を務めた東洋学、仏教学の碩学である。フランス人の中に入るという藤村の強い意志が感じられる。さらに訪問先のフランス人家庭へのお土産として天明愛吉、蒲原有明からの茶の実、籾山仁三郎（梓月）が三田の育種場から調達してきた銀杏、椿、山茶花、藤、肉桂、朝顔などを用意している。後に藤村は「自分の国の植物が当地で若い芽を出して居るのを見るのは楽しかろうと存じます」と『仏蘭西だより』に記している。

マルセーユまでの寄港地や船上、そして下船後パリまでは多くの人々に助けられている。パリまで送ってくれた貿易会社野澤組の松山晋二郎と別れ下宿までの道のりで初めて一人旅となる。

藤村のフランス滞在は約三年に及ぶが、リモージュにおける二カ月余りの短い期間を藤村自身が言うように転機と考えるならばその前後との三期に分けて考察することが出来る。

パリ到着からリモージュへ出発するまで
（一九一三年五月二十三日〜一九一四年八月二十六日）


下宿へ落着く間もなく到着後数日で同宿の大寺の世話でフランス語を習い始めている。「漸く数日前より英語の解る仏蘭西人に就きて語学の稽古を始めし仕末」と読売新聞の上司小剣、前田弘二宛の書簡にある。（一九一三年六月二日付）大寺というのは日清戦争で唯一の将官戦死者陸軍少将大寺安純の子千代田郎のことで、有島生馬学習院時代の学友である。父生前の軍功により嗣子千代田郎に爵位（男爵）が授けられている。大寺はソルボンヌで経済学を学んでいた。ここにも到着直後の藤村を助けて買物、銀行、大使館などへ親切に案内する同胞がいた。

六月になると前年シベリア経由でモスクワに到着した小山内薫が訪れ九日間同じ下宿に滞在した。小山内は当時三十三歳、藤村の信頼する年下の友人の一人であった。二人はオペラ座やシャンゼリゼ劇場での観劇、あるいはニジンスキイ、カルザヴィナなど興隆期のロシアバレーを堪能した。

小山内がパリを去ると藤村はかねてから紹介状を用意していた待望のフランス人家庭を訪問した。訪ねたのは国立図書館に勤務するユージン・モレル氏の家で、紹介状を書いてくれたキャミイユ・サランソン嬢の伯母の家でもある。サランソン嬢は与謝野鉄幹・晶子共著の『巴里より』に「日本贔屓で日本文学を愛して日本語を巧みに語り、日本文を立派に書く。源氏物語や湖月抄を首引で読んで其質問で予の友人を困らせた程の熱心家だ」と紹介されている日本通のフランス女性である。この訪問で歓待された藤村は「初めて仏蘭西風の家庭へ招かれた旅の身には忘れ難い夕方でした」と記している。（平和の巴里）

多くの人が休暇をとる夏、藤村は下宿で何を想いどんな様子で過ごしていたのであろうか。朝日新聞に大正二年八月二十七日から三回掲載された「巴里の旅窓にて」が藤村のパリからの第一信である。船上で兄広助宛の書きにくい手紙を書き、「おまえはもうこの事を忘れてしまえ」と返信を受け取ったのは初夏の頃であったと思われる。いくらか気持ちが軽くなり、かねてから約束の原稿を書く気になったのであろう。エトランゼには「巴里に来て二月あたりから漸く私は国の方の新聞紙宛にぽつぽつ通信を送り始め、五月目あたりには同じ旅でもいくらか落着いた心持でそれを送ることが出来るように成った」とある。

八月に入りシモネエの下宿に滞在した沢木四方吉はその後の藤村のフランス滞在あるいは建築や都市計画、美術に関する知識、考え方に大きな影響を与えたキーパーソンである。澤木と藤村は巴里が初対面との記述もあるが、それは誤りであると思われる。藤村の作品や書簡、澤木の秋田魁新報への寄稿文などからも面識があったことは明らかであろう。澤木の親友小幡直吉（慶應義塾創立当時福沢諭吉を助けた小幡篤次郎二男）が卒論準備のため滞在した軽井沢に同行した澤木は藤村、神津猛に会っている。明治四十一年夏のことである。

澤木四方吉は慶應からの留学生としてベルリン、ミュンヘンに滞在、美術史を研究していた。そして滞欧中四回パリを訪れており、その内三回の一九一三年夏、一九一五年のイタリア旅行の前後藤村と交流があった。

ミュンヘン大学の夏休みを利用した一九一三年八月のパリ訪問の時澤木から山本鼎を紹介され、次々とパリ在住の画家たちとの交流が始まる。「澤木君の紹介で、私は画家の山本鼎君とも知るやうになった。斯の山本君を通して巴里に在留する同胞、殊に美術家仲間と顔を合わせるやうな機会も多くなって行った」、「私のつもりではわざわざ欧羅巴の旅に来て日本人同士が一つところに集まって了つても仕方がない。その意見だった。しかし私は何時の間にかそういう孤立を捨てるようになった」（『エトランゼ』）と心境の変化が見られる。

当時パリには山本鼎の他に藤田嗣治、柚木久太、満谷国四郎、小林万吾、桑重儀一、小杉未醒、金山平三、高村真夫、森田恒友、足立源一郎などの画家が滞在していた。

藤村は彼らとベルランコレクション（ベルランはノルウェーの伯爵・セザンヌの収集家）を見に行ったり、モンパルナスの墓地、日本食堂、喫茶店、そして彼らの多くが住むヴィラ・ファルギエール（貸室の他に貸画室が二十程あり貧乏画家の巣窟といわれていた場所）にも頻繁に訪問している。そして高村真夫の『欧州美術巡礼記』、正宗得三郎の『畫家と巴里』などに序文を書いている。正宗への序文は製作に行き詰まり藤村に相談した際「何か絶えず求めてゐれば得られますよ。一生に一つでもいいものが出来ればいいのです。その一つに総てよくならねば一つも仲々得られない」というアドバイスと共に渡された文章で「正宗君に呈す」（カトリックの Passion の日に）と題された詩の様な文章である。小杉未醒帰国の送別会や忘年会、藤田嗣治らとパリ郊外ロバンソンへの行楽に出かけたりするなど交流を深めている。画家との交流や日常生活は藤村が序文を書いている前述の高村、正宗、山本らの著書に描かれている。

藤村はパリの町についての印象を「新奇を競い目先を変へることの為には以前の白木屋のやうな立派な江戸風の家屋さへドンドン倒されて行く東京のことに思ひ比べると、こゝの町々はじつに古い建物までが大切に保存されて、中には三百年も以前の歴史を語って居るのが御座います」（『仏蘭西だより』）と記している。そしてパリを「システマティックで冷静で、意志によったものである」といったフローベールの言葉を想起している。この印象は漠然としたものであったが、澤木との交流でも次第に解明されていく。

澤木も同様にパリの町を「古く錆びた典雅な趣と雰囲気のある町」と感じていた。澤木は「都市を外観だけでなく、政治や宗教、交通を含めてその成り立ちを根源的・多角的に論じようとしていた」と海津忠雄は指摘する。澤木の鋭利な西欧文明理解に尊敬の念を抱く藤村は次第にその影響を受けていく。

「かういう裕かないい感じのする都会は何処にもありません。此の間フトこんなことを考へました。倫敦は世界一の市（シテイ）であるに相違ない。けれども世界一の首都

（メトロポオル）といふ雄大な感じはありません」
これに対して藤村は「ええ、私も此頃、何としても王政でなくては建築のやうな大きな美術的事業は出来ないんぢゃないかと思ひますよ」と応じている。これを聞いた澤木は「かかる言葉を島崎さんから聞かうとは全く期待しなかった。自分は主義としても傾向としても王者と貴族の讃美者である」と驚く。一九一五年九月、藤村とイタリアへ発つ前の澤木が論じている都市論である。これは「宗教によって統一された民衆の感情と、国王貴族の力との結合した美術的建設である」という澤木の都市論の影響であろう。

第一次世界大戦の勃発で念願のイタリア行が遅れた澤木に藤村は男爵大鳥圭介を紹介している。大鳥男爵は当時ローマに滞在しており、在留日本人を招き日本人会を開いていた。澤木は考古学者で後の京都大学総長浜田耕作（青陵）とこの会で知りあい、イタリア各地を共に旅する。

『歐羅巴の秋の美は筆紙に盡しがたく候。大鳥氏にも御紹介によりて大に便宜を得、感謝に堪へず候。來月七日ナポリに向ひ、途中古希臘式殿堂の造りを見、歸路にはボロニヤ、ミラン等を經、二十日過ぎリオンに立ち歸り、月末には巴里に入る豫定に候。シモネエによろしく。羅馬にて。十月二十九日』と藤村に礼状を送っている。

年を越し一九一四年（大正三年）三月になると京都大学の河上肇と竹田省が藤村の元を訪れる。続いて東北大学の石原純がパリに着き、三人共藤村の世話でホテルを決め、シモネエの下宿で食事をすることになった。

藤村は河上、竹田を誘ってドビッシー自身が指揮するコンサートに行っている。これは以前郡虎彦とシャンゼリゼ劇場で聞いて感激した藤村が前年の暮れから楽しみにしていたコンサートであった。藤村はエトランゼに「仏蘭西に現存するあらゆる芸術を通じて最も私の心を引かれるものの一つ、ドビッシーの音楽」と書いている。後に作曲家諸井三郎も「藤村の心に最も強い印象をあたえていた音楽家はドビュッシーのようであった」と対談の印象を述べている。（「音楽家から見た藤村」・「文藝」昭和二十九年臨時増刊号）この二人の対談の様子は『市井にありて』・「ある日の對話」に描かれている。ピアニスト青柳いづみこによると、このころドビュッシーは裕福な上流階級の女性と結婚するため糟糠の妻と別れている。離婚が成立する前に生まれた可愛い娘のため「子供の領分」「雪は踊っている」などを作曲している。藤村の心に沁みたのは楽しいだけでなく哀愁を帯びた子供のための小曲であったという。

フランス語を学び、多くの人々との交流、美術や建築などフランス文化の吸収と順調に経過していた藤村のフランス滞在は第一次大戦の勃発で一変した。

オーストリアとセルビアの宣戦布告、八月二日にはパリに戒厳令が布かれて、間もなくドイツ・フランス間の交通断絶と戦況は急激に進展している。「僅か一週ばかりの間に私は早や戦時の空気の中に居たのです。」と変化に唖然としている。『仏蘭西だより』

「島崎藤村君、我等アーチスト組合の団長たり」（高村真夫『欧州美術巡礼記』）在仏の画家たちと交流を深めた藤村は年長でもあり大使館に参集した芸術家グループ二十一人の長になっている。

リモージュでの生活

（一九一四年八月二七日～十一月十四日）

リモージュに同行したのは正宗、足立、森田、柚木の四人の画家であったが、残ったのは藤村と正宗だけである。足立源一郎は「あなたは斯様な田舎が好いんですか、（中略）一口に言へば、ここは平凡な土地じゃありませんか」という言葉を残してリモージュを後にしたが、藤村は「私はこのリモージュに着いて停車場の旅館の窓の外にサン・チェンヌ寺の塔を望みながら鶏の声を聴いた朝から、もう蘇生（いきかえった）やうな思ひをした」（『エトランゼ』）という。

正宗得三郎は「リモージュに着いた時は、嫌な処だと思って居たが、馴れるに従って好くなって来た」（『畫家と巴里』）と残っている。

オート・ヴエンヌ州の州都リモージュはパリから四〇〇キロ程離れた地方都市である。リヨンやボルドーへの交通の要所として栄えた由緒ある町でもある。

「あの田舎家では、正宗君と二人でよく果樹のある裏庭の畠に隠れて、生り立ての桃や梨の香気を嗅いで来た。私は日本の子供がするやうな『キツネ』を少年のエドワルに教へて、畠の隅の林檎の木の下で一緒にあの遊びを楽しむほどの心持にさへ成れた。」（エトランゼ）町はずれの丘の上から見えるビエンヌ河の流れ、りんごや野菜畠、橋の袂の小さなカフェ、子供達との交流など自然溢れるリモージュでの暮らしは次第に藤村を解放し、再生への足掛かりとなっていったと思われる。

それは「二月半の滞在は短かったとは申せ私は可成楽しい気の置けない時をここで送りました。欧羅巴へ参ってから以来のことがしつくりと纏まって考へられたのもそこでした」と記した『仏蘭西だより』の記述からもわかる。そして「私はこゝで刺激された心をもってもう一度あの都会の空気の中へ行かうと思ひます」とパリへ戻って行く。

パリに戻ってから帰国まで

(一九一四年十一月十七日～一九一六年四月二十九日)

リモージュからの帰路ボルドーに寄ってパリに戻るまでのフランス滞在中唯一の短い旅を満喫して心身共にリフレッシュした藤村は再びシモネエの下宿へ戻り、以後セレクトホテルに移るまでの約一年半をここで送ることになる。

戦前までは殆んど毎日のように通っていたフランス語のレッスンもこのころは週三日になっていた。これは一時間に二フランの授業料の節約もあるが、かなり習得が進んでいたと思われる。「読まう読まうと思っても読めなくて蔵って置いた仏蘭西書でまた取出して見ると何時の間にか読めるやうに成った時ほど嬉しいことはなかった」また「よく私は自分の旅窓から巴里を望んでみて、一つの大きな倉庫に譬えたことがある。この倉庫を開くにはどうしても言葉だと思ったことがある。どうやらその鍵が私の手に入りかけて来た」(エトランゼ)とその喜びを記している。「『トルストイ』といふ本の仏訳を見つけてきたが、不思議なくらゐ読み易くて今の自分には嬉しくもあった」(仏蘭西だより)とも記している。フランス語上達の様子は朝日新聞掲載の「パリ通信」『詩人ペギイの戦死』を書いた頃の記述からも窺われる。「『メルキュウル・ド・フランス』が詩人ペギイの死についてかなり詳しい消息を掲げたのもその四月であった。それが戦時に初めて出版された文学雑誌であった。」、「私はソルボンヌ大学の附近までマロニエの若葉の美しい町を歩いて、ラルウスの書店であの四月号を買ってきた。開戦以来仏蘭西の文士で戦死したものの数は五十八名に上った」(エトランゼ)と雑誌を読み、その記事をもとに原稿を書いている

東京朝日に書き送っていた「パリ通信」は『ペギイの戦死』(一九一五年五月十三日付)に続き、『河上、河田の二君の帰朝を送る』、『街上』、『人形芝居』となっており八月三十日で終わっている。それ以後帰国までの約八カ月間についてのあまり語られていない。河盛好蔵は『藤村のパリ』に「藤村自身もあまり話さないところを見ると、あまり快適な毎日ではなかったように推察される」と書いているが果たしてそうであったのだろうか。

リモージュの自然や子供達との交流で解放された藤村の心、フランス語を解するようになった耳は今まで見えなかったものを見る眼も開いていった。「パリは偶然によって成った町ではなく、単なる模倣の産物でもなく、世界的な意味を持つ、ある一つの意志によって貫かれた創造的な都市である。」と漠然と感じていたことが次第に解き明かされていったのは正にこの頃と思われる。

パリの町をあちこち歩きながら東京と比較して優れた都市計画に気付いていく。「仏蘭西だより」『街上』にはその様子が詳しく描かれている。また古い建物の寄木細工の床ににひざまづいて修理する職人の姿に眼をとめて街の美しさを根底から支えるものに気付いていく。「都市の行政者があり工事の管理者があり土木課の技師があるばかりでなく、町全体のことを考える意匠家が隠れて居ることに気附きます。そして斯ういふ意匠家は要するに想像の豊富な芸術家であらねば成らないと思ふのです。」と自分自身の体験から確認している。

「私がセエヌの河畔などを歩いて見る度に仏蘭西人の組織的才能と伝統を重んずるその冷静な意志とに対して尊敬と羨望の念に堪へなかった。（略）そこにある歴史の尊重、芸術の尊長は想像以上であった」（『海へ』）と自国との違いを再認識することになる。

「思ふに私はもうここらで筆を擱いて、黙すべき時が来たのだろう」と考えたのが藤村にとって沈黙の八カ月の始まりであり、それは帰国に向けて滞仏三年の集大成の時期であった。小諸時代の「沈黙の三年」後の『破戒』発表のようにこの八か月間は次へのステップにとって欠かせない期間であった。

一九一六年三月帰国準備をするため藤村は三年近く滞在したシモネエ夫人の下宿から、ソルボンヌ大学近くのセレクトホテルに移っている。このホテルには小泉信三、澤木四方吉、小林澄兄なども滞在していたが既に帰国、残っていた水上瀧太郎と食事や骨牌など親しく交流している。その様子は水上の『島崎藤村先生のこと』に詳しい。水上は『新生』の帰国を前にした岸本が髭を剃り落す場面に登場している。「この人は慶應出で岸本から見るとずっと年下ではあったが、何かにつけて彼の力になってくれた」。小泉、澤木など友人が帰国して寂しい思いをしていた水上をシモネエの下宿の食事に誘ったり、『藤村詩集』『芭蕉全集』などを貸して慰めている。このころになると高村、正宗以外の交流のあった画家の多くは帰国して、藤村の話相手は水上の他判事、大蔵省の役人、日銀の行員などに変わっていた。

藤村が帰国を決心するような〈強い実行の精神〉を取り戻せたのはリモージュの自然や農人の姿、古い建築物を一心不乱に修復する職人、そして最大の力をもたらしたのは詩人ペギイを始め多くのフランス人が祖国のため立ち上がった事であろう。「仏蘭西の新しい時代にペギイのやうな詩人が生れて来て、祖國のために身をさゝげるところまで行ったほどの強い実行の精神を振ひ興したといふことは、私の心をひいた。何よりも私は、そこまで懐疑と無気力に打ち勝つことの出来た確信の力に感じた」

終わりに

藤村渡仏の理由について新生事件や友人の勧めなどが挙げらるが、一番大きな動機は行き詰り、閉塞感の打開であったと思われる。「次第にわたしは休息することを知らないやうなものになって行った。（略）今になって当時のことを想ひ見ると自分の内にも外にも所詮動かずにはゐられないやうな一生の危険とも言ふべき時が到来していたのである。海はわたしに取って一条の活路であった。」と晩年述懐している。（『定本版　藤村文庫『海へ』の後に』）さらに妻冬子の死後三年の間、『家』を書き終わってからは、次の長篇の構想が生れることもなく、〈めぐりにめぐった原因のない憂鬱〉に襲われ、厚い〈壁〉に向かって、言いようのない倦怠感を感じてひたすら自己を凝視していた時期であった。

藤村はフランスへの旅について「洋行と申しても、言はば新片町の二階を巴里の下宿へ移すまでのことに候」（高瀬薫宛書簡・大正二年二月二十三日付）「多少なりとも欧羅巴の空気の中に居て自己に刺激を受けることがあってほしい」（『平和の巴里』・「パリの旅窓にて」）と控えめな希望を述べているが、現実はかなり逼迫した状況であったと思われる。

藤村フランス行きの成果についてはフランス文学研究者からは否定的、藤村文学研究者からは肯定的なものが見受けられる。では藤村自身はどのように考えていたのだろうか。

「海へ」は五章から成るが、帰国直後に書かれた最終章第五章から書き始められている。「多くの約束も、かねて自分が心に豫期したことも、私はその十が一を果たすことが出来なかった。私の仏蘭西の旅は實に失敗に終わって了つた」と旅情が溢れ、帰朝者気分が抜けない時に書いた第五章『故国に歸りて』にある。一九三八年藤村六十代半ばに出版された「定本版藤村文庫」に『海へ』を再録した際に書かれた「『海へ』の後に」には「仏蘭西での三年は随分さびしく又骨の折れた旅ではあったが、帰国した後になって見ると空しい骨折りでもなかったことを知る」と振り返っている。

何をもって成否を判断するかは難しいが、フランス行きは五十年以上に渡り書き続けた文学者島崎藤村の大きな転機になったことは明らかであろう。

参考文献

島崎藤村全集（筑摩書房）
定本版・藤村文庫第六篇（新潮社）
日本郵船株式会社百年史（財団法人日本経営史研究所）
新潮社七十年
藤村のパリ（新潮社）・河盛好蔵
画家と巴里（日本美術学院）・正宗得三郎
小幡直吉遺稿・濁流のうた（私家版）・澤木四方吉編
美術家の欠伸（アルス）・山本鼎
美術の都（岩波書店）・澤木四方吉
美術史家澤木四方吉の都市論（三田哲学会編・「哲学」九十六号）・海津忠雄
欧州美術巡礼記（博文館）・高村真夫
文藝（昭和二十九年臨時増刊号）
「文豪島崎藤村がパリで聴いたドビュッシー　講演要旨」交詢社雑誌二〇一五　年二月号　青柳いづみこ

（島崎藤村学会会員）

『処女地』刊行に生まれた基調

藤岡　加世子

はじめに

島崎藤村の作品群のうち、大正十（一九二一）年は、新しい作風に入った画期的な一年と言える。新しい作風は、翌年の大正十一（一九二二）年四月一日、藤村自らが創刊した文芸雑誌『処女地』を通して明らかとなる。発行人の藤村を除き、執筆者は全員女性の手を通して編み出された雑誌であり、彼はあくまでも「出来るだけの手引と案内」をする裏方に徹しながら、藤村の表現にも新しい境地が生まれることとなった。

本稿では、雑誌『処女地』の刊行という文芸活動を起点とし、雑誌の発行によって生じた、藤村の表現に見られる基調を論じて行く。

一　『処女地』創刊の前後

伊東一夫氏によれば、藤村が文芸雑誌『処女地』の発刊を思い立ったのは、大正十年の秋と定めている。[1] この九月、『藤村全集』の刊行が企画された。彼は、全集の印税処置を考えた結果、印税をもとに雑誌を発行するアイデアが浮かんだためである。しかし実際には、秋の九月以前に、雑誌の発行を暗示する感想が発表されている。

しかし何と言っても、世界の大戦争の後をうけて現に私達の面前に生起する幾多の新しい現象のうち、最も私の心をひくものの一つは婦人の眼ざめである。いかなる新しい時代の機運にも、その背景に婦人の眼ざめを伴わない場合はあるまい。[2]

「飯倉だより」と名付けられたこの感想は、六月一日に発表されている。知性を積極的に求めて実際に行動をとり、「婦人の心が趣いて行くところ」や「婦人の心があらたまりつつあること」について、自分の感じる「心の蔭日向」を、自らの「適当な言葉」で表現できる女性達が、「最近の傾向」として珍しくはないほどになり始めたことに、藤村は新鮮な驚きを覚える。自己実現に向かっての自己表現を始める「婦人の眼ざめ」こそ、新しい時代をもたらす「新しい生気」と彼は見定める。

　知性を、自分自身の成長のために望む数多くの女性達の姿は、大学の講堂で夜間に開催された文芸講演会や、女性の職業学校での講習会といった公開の場のみならず、「飯倉の家の方でも文学上の話を求めに来る二人三人ずつの若い熱心な婦人の訪問者を迎えることがめずらしくない」。当時、藤村は、麻布区飯倉片町（現在の港区麻布台）に住んでいた。飯倉の家とは藤村の自宅であって、作家としての彼の仕事上、来訪者は種々であった訳であるが、大正十年は、雑誌の発行に結びつく来訪者に恵まれており、特別な年と言える。

　飯倉片町の電車の停留所からほど近い急な坂を降りたところに藤村氏の住居はあった。庭に面した質素な小さな部屋に二人は通された。藤村氏と信子とは、南信と北信との違いに関して話したり論じたりした。（中略）私ははじめから終りまで信子のお供という顔つきで黙しつづけていた。（中略）

　信子は一と通り言ったかと思うと、

「先生、この人は先生のものを私よりよく読んでいます」

と言って、私の苦笑も頓着しない態度だった。やがて二人は飯倉の電車通りへ出た。　（『藤村の思い出』E）[3]

　三月十九日、藤村は二人の女性の来訪を迎える。加藤静子と友人の伊吹信子である。『藤村の思い出』によれば、一年前の大正九年、広岡浅子の厚意により、広岡の別荘地で開催されたキリスト教修養会に参加した加藤と伊吹は、「当時の文壇の噂ばなし」を始める。その時点で伊吹は既に、六人の同窓生を連れて藤村の自宅を訪問して彼と話しており、加藤を連れて行った時には、藤村に顔を覚えられていた状態であった。彼にとって最も気になることは「若い人達が著作に対してどんな感想を持っているか」であったが、伊吹を含め七人の大学生のうち、藤村の作品を「誰も読んでいない」に等しかった。一冊もしくは二冊、それが、彼の本を一応読んでいるという意味になり、伊吹はその一人であった。彼女にしてみると、一年前の藤村の様子や「その場の気まずさ」を十分記憶していた訳で、再度、彼を訪問するにあたり、「作品をよく読んでいる人」である友人の加藤を連れて行こうと自然に思い浮かんだのであろう。伊吹が藤村に加藤を初めて紹介する時、加藤自身がどのような友人であるかよりも、藤村の愛読者であると彼に伝えることによって、加藤の存在を認めさせたことは、雑誌『処女地』の編集助手を加藤に依頼してみようと藤村が考える契機となったと思われる。この時、伊吹と加藤が感じた藤村は、「まだ半分フランスに住んでいるような人」という雰囲気を持っていた。二人が味わった、彼から漂う「フランスの空気」とは、「若い女子のために少数の学生を集めている」会合が当地に在り、「ああいう会合が日本にもあったら」と語る藤村の「態度」にあった。つまり大正十年三月の時点で既に、時代を生きている日本の女性達の様子から、思わずフランスでの女性による知的会合を思い出し、日本でも同様の集まりがあるといいのに、と考える彼が居た訳である。その考えは彼の心の中だけに留められたのではない。後に女性達の知的会合を開き、その成果を生み出す、それは広く社会につながる形として雑誌を発行するというアイデアに発展する。このアイデアは、飯倉を訪問した新聞記者に話す談話によって、大正十年十二月末に公表される。新聞記事によると、雑誌の声調を「私達があの透谷や馬場君、戸川君、平田君などと文學界をやりはじめた時とマア同じ心持ですね、それを新しい時代の女でやろうというので、私はただ案内役です」と藤村は話している。[4] 文芸雑誌『文學界』との関連性は、同年六月に発表した感想「飯倉だより」においても記述が見られる。

> 女性の眼ざめを呼ぶ声は必ずしも今日に限ったわけではない。今になって思うと私達の青年時代に既にその声を聞きつけた。（中略）北村透谷の書いた『厭世詩家と女性』をはじめ幾多の論文や感想は、それを載せた舞台が『女学雑誌』であった関係からとはいえ、当時の青年を相手とするばかりでなく、又、当時の若い婦人を相手としての彼の熱情をそそいだものだということを見逃しがたいような気がする。ある意味から言えば、青年としての私達は当時の眼ざめた少壮な婦人達と共に出発したのであった。（中略）けれども私達は何時の間にかそれらの婦人達の影を見失ってしまった。一緒に歩きつづけて来たと思われるような婦人は、すくなくとも私の周囲には見当らない。[5]

文芸雑誌『女学雑誌』から発展した『文學界』周辺につ

いては、『桜の実の熟する時』『春』の二作品に描かれる。作品中で、北村透谷が青木、馬場孤蝶は足立、戸川秋骨は菅、平田禿木は市川のモデルとして登場する。『春』では、恋愛と結婚が関わる青年時代の問題を、若い男性のみならず女性についても、双方の「心」の働きやその世界が、一見、心の中の出来事とはまるで無関係とも思われるリアルな現実描写によって表現される。勝子や青木の妻の操は、『春』における青年女性のヒロイン的役割を果たす。勝子は佐藤輔子、操は透谷の妻ミナがモデルとして、藤村の言う「当時の眼ざめた少壮な婦人達」であることを、彼女達が自分自身の言葉で自分の心の行方を表現し得る点からわかるように描かれる。人の心を〈霊池〉と定義しつつ、自分の心を自分自身の言葉で言い表す難しさを乗り越えるために、藤村は東京音楽学校に入学してピアノを専門的に学び、ヴァイオリンをも演奏し、「吾性深く音楽を愛す」と書ききるほど音楽を求める。その成果としてロマンティックな詩情を徹底させた第三詩集『夏草』から始まり、『春』により、小説という散文上でもロマンティックな詩情を自分自身の表現方法の特徴として着地させる。そのことが出来たのは、藤村が自分らしい言葉を「自分等の内部」、つまり自己のみならずあらゆる対象の心の内を結晶化させる点にあると捉えた場合に成立している。女性が「心の蔭日向」を自らの「適当な言葉」で表現できるほど、自らの心の趣きを一新することで、自分しか歩めない生き方を新しく進む。それが、自己実現を遂げるための自己表現をする「婦人の眼ざめ」という意味であると理解しうるまでに至ったのは、実は、大正十年当時の藤村自身の〈眼ざめ〉でもあった。だからこそ彼は、透谷の評論『厭世詩家と女性』が、「当時の青年を相手とする」のみならず、「当時の若い婦人を相手として」いたことに気付いた訳である。

とはいえ幸いなことに、飯倉を訪問した新聞記者に話した十二月末の時点では、「新しい時代の女」と言える可能性を秘めた「十五人ばかりの若い婦人達」を身近に見出し得る現実を藤村は迎える。「来るべき時代の婦人のためにと思うものが集まりまして、未熟ながらその支度を始めました」と創刊直前の大正十一年三月に発表した「『処女地』創刊趣意書」に藤村が書くように、彼のもとへ『処女地』同人の女性達は集まって来る。しかし、その時点で既に、彼女達が自己実現を遂げている「眼ざめた」女性であったわけではない。まだまだ「未熟」であって、未来に何らかの形で自立していけそうな、原石とも言うべき女性達である。

御承知のごとく「処女地」は三月のはじめに原稿を

整理し、それを印刷所に渡し、校正一切を済ました上で、三月の二十五日頃には四月創刊号として発売したい考えですから、四月になって御上京では遅すぎます。（中略）それにあなたの御上京が遅れても仕方ないことですが、それだけ私もいそがしくなりますから、出来ることなら二月の末には出て来て下さい。「正しい仕事があるなら」なんて、一体「処女地」は誰の雑誌ですか。

印刷所は秀英舎（京橋数寄屋橋側）一軒です。いずれそういうところへは私が御案内します。発売所は神田の上田屋の予定ですが、これは成るべく私が自分で交渉に出かけることにしましょう。あなたは奔走のために勉強も出来なくなるかと御考えのようですが、「処女地」は普通の婦人雑誌のように原稿を集め廻る必要もなし、印刷その他のために一月のうちの数日を費して頂けば、他はアパルトマンに居て出来る仕事です。多分あなたが想像して居らるるよりも、物を書き本を読む余裕があると思います。この手紙には一々委しいことも書きませんが、まあいそがしいつもりで出て来て見て下さい。(6)

大正十一（一九二二）年一月八日付の書簡で、同人の一人である福西まつ子に、藤村は雑誌の仕事について、刊行までの詳細を初めて書き送る。福西は、『処女地』同人の中ではナンバー1として編集主任を務めた。横浜出身で作家志望の彼女は、この時点では神戸に在住していた。編集や事務などの実務は、雑誌の発行所ともなった藤村の飯倉宅に通勤しやすい者が担当する方針となった中で、藤村は福西に、神戸からの上京を厳しめに依頼している。文面から察すると、福西は藤村に怖気づくことが無く、思ったことを伝えられる強気で率直な性格であったように読める。おそらく彼女は、関わる相手が誰であろうとも気にせず、物言いがはっきりしているタイプなのであろうが、藤村の方でも、福西の性格を相当理解しつつ、はっきりと言い伝え、指示している。かつて明治女学校で、当時の最先端とも言うべき優秀な若い女子学生を教えていたという、女子校での教員の経験が自然と滲み出ているような藤村の珍しい姿が出ている。福西へ手紙を郵送する直前の一月六日、藤村は親交があった山崎斌に「思い立つことがあって新年の雑誌を種々読んで見ました」と手紙を送っており、様々な雑誌を読むことによって、『処女地』の準備を念入りに重ねていたと想像できる。残存している書簡では、同年一月十五日から、飯倉の自宅は同時に「処女地社」と表記され、実質上、雑誌の業務が開始される。

今日は雪の晴れた記念すべき日です。ともかくも在京のもの五人（加藤、辻村、鷹野、河合、河野、肥塚は病気にて欠席）が集まりまして、最初の打合せの会を開き一緒に弁当を食べました。一同あなたの御噂をいたしました。(7)

雪の降る、まさに気温の低く寒い日であったが、藤村にとっては「晴れた」、心が温かく明るく感じられる日となっていたであろうことが、一月十五日付の福西への葉書によって察することが出来る。彼は福西のみならず、横瀬多喜にも同日十五日に葉書を郵送する。横瀬は茨城出身、詩人横瀬夜雨の妻で、『処女地』発行の実現のため特に協力していた。横瀬への葉書も福西宛とほとんど同じ文面であるが、彼女には打ち合わせを「小さな会合」と表現している。横瀬には、戦後のヨーロッパを現地で体験している知人がいた。藤村がパリからリモージュへの疎開を体験した第一次大戦中のフランスについても、理解し得る外国的感覚を彼女は持っていたと思われる。藤村が雑誌を発行するアイデアを閃かせる源泉であった「フランスの空気」、フランスで開催されていた若い女性のための知的な会合を、ついに日本でも実行できた日として、横瀬には「小さな会合」と思わず表現したように読める。

福西宛の葉書に書かれている、東京在住の編集担当者五名のうち、最初に苗字が記載されている加藤静子は、『処女地』同人の中では福西に続いてナンバー2となり、編集助手となった。彼女は東京出身で、神田猿楽町（千代田区猿楽町）に住んでいた。藤村に加藤を紹介した、大学の同窓生である伊吹信子とは別の、横浜戸塚に在住していた学友の友人が福西であったため、加藤は福西とは顔見知りであった。


「M（筆者注・福西のこと）さんからも推薦なんですが、私からもお願いしたいと思いますが、その編集の助手にあなたになって頂きたいと思ってきょうは御出で頂いたわけです。御承知下さるでしょうか?」

　私ははじめて来信の意味がわかった。それまで謹んで下を向いて話を聞いていたが、特別に考えてみる問題でないと思われたから、はじめて藤村氏を正観して答えた。

「それは駄目です。私には出来ません」

（中略）私がこの返事を簡単に述べて口をつぐむと私の正観を見返すような態度で突然私を見詰めた。

「なぜですか?」

（中略）はじめて言葉をかける位の私に何故この人は

助手の地位にもせよ社会的の仕事をまかせようとするのか、信子からおしはかって信子に近い内容を持っていると過信しているのではあるまいか等々私の頭の中は混乱するばかりで言葉にならなかった。藤村氏がじっと私を見守る眼の鋭さに身が縮むように恐しかったことは、今ここに見る程記憶が新しい。

(『藤村の思い出』F[8])

藤村から編集助手の仕事への採用依頼を受けた時、加藤は、渋谷の千駄ヶ谷駅ホーム上で偶然出会った大学の友人の情報を通して、大学の教員が依頼している就職先に就業することを決意していた。その直前には、彼女の両親、特に、医師である父から結婚を勧められ、それを断ったばかりであった。結婚するにしても就職するにしても、場所は東京ではなく、神戸で一致していた。加藤は、飯倉で、藤村の面談内容を聞いた後、その足で大学に行き、神戸への就職希望者を探している教員と面談する予定でいた。そもそも、病気のために止む無く大学を中途退学したばかりの時で、それほど虚弱な体質の加藤が、いきなり出身先の東京を離れて、新しい環境の神戸で仕事が勤まるのかは、普通に考えても甚だ心許ない訳である。だが彼女にとっては、両親の結婚希望を断ったことの正当な理由、それも自立に向かう形を選ぶことにより、両親に納得してもらおうという気持ちを持っていたのであろう。加藤が藤村に、飯倉での雑誌の仕事は「駄目」と話した理由は、このような事情に由る。

一方で、加藤にしてみれば、友人の伊吹信子に連れられて飯倉を初めて訪れた三月十九日以来、二度目の来訪である。三月の時は、既に藤村と顔なじみの信子と彼が話し合うのを、傍にいて聞いていた程度に過ぎなかった。この二度目の、おそらくは八月末か九月初め頃の来訪については「はじめて言葉をかける位の私」、初めて藤村が直接、自分に言葉をかけてくれたと彼女は感じていたことがわかる。加藤にとって、二度目ではなく、真には一度目の来訪に等しい位であったと言える。それ故に、信子が彼女のことを、大学の同窓生のうちでは藤村の愛読者であるかのように話したことを、藤村が「過信しているのでは」と混乱する。信子は同窓生の中でも優秀で、渡米してキャリアを持てるような、当時のエリート女性に成り得る能力を有していた。信子が大学の同窓生六人と共に飯倉へ行った時、藤村が最も関心を抱いていたという彼の著作に対する若い人達の感想を、藤村に言えるほどには、彼の本は誰も読まないという状態であった。そのことが最大の致命傷であると信子は考え続けていたからこそ、藤村への加藤の紹介に、加藤は本を読んでいると言い得ると表現した意味の実状を加藤はよくわかっていた。しかし、そのことが、「信子と同じ内容を持っている」、信子のように優秀で、将来も目覚ましく活躍を続けていく見込みが十分ある、そういうことでは無いと思っていた。『藤村の思い出』Fの中で、加藤が自己の能力を「内容の貧弱さ」と表現した意味であり、藤村に、雑誌の仕事は「駄目」であるだけでなく、「出来ません」とも話した理由ともなっている。

　しかし、加藤が、雑誌『処女地』の仕事は自分には「駄目」であり、「出来ません」と答えた理由と、藤村が加藤に雑誌の仕事を依頼した理由は、まるで異なっていた。編集主任を務める予定の福西の推薦がある故に、藤村自身も、加藤に編集助手を務めることを「私からもお願いしたい」と明瞭に依頼している。その上、加藤が仕事を引き受けられないと話したことに対し「M（筆者注・福西のこと）さんもあなたは身体が弱いからと言ってましたが」と言い、やはり福西から聞いていた彼女の健康不安が、仕事を断ってきた理由と推測する。藤村の考えでは、雑誌の仕事を果たせる能力を加藤が有していると見ており、福西が加藤の体の弱さを不安視していたことを聞いていても、加藤が病気で退学するまでは、大学には実際に何とか通うことが出来ていたことを彼女に面と向って褒めている。その上で雑誌の仕事を「もう一度考えてみてくれませんか」と再依頼する。藤村にとっては、未熟ながらで良く、自己実現を果たして行くことが何らかの形でも可能となる将来性を重要視していたことがわかる。

　このように『処女地』同人の女性達、編集を主に担う福西と加藤共々、最初から心配な様相を感じさせても、まさに藤村が自分の眼と心のうちに見定めた、新しい時代を告げるサインを感じさせる女性達であったことに間違いは無い。彼はそのことを、友人で画家の有島生馬に次のように書き送っている。

　処女地のような仕事が私に適するかどうかは知りませんが、適しても適しなくても始めてみました。あれは作った雑誌というよりも、生れて来た雑誌です。何しろ私は雑誌経営のことなぞは素人、処女地に集まった若い人達はいずれも未熟なものばかりですから、私の友人の中には呆れている人もあるようです。(9)

　有島は、兄が有島武郎、弟が里見弴という、兄弟共に作家という環境の中にあった。しかし彼自身は『若菜集』が発売され、その詩を読んだ中学時代より、藤村が最も好きな作家であった。二十代の時に念願が叶い、小諸まで大好きな藤村に会いに行った程であったが、それ以来、藤村との深い親交が始まった。先に引用した、藤村が有島に郵送した大正十一年三月十五日付の書簡は、『処女地』四月一日創刊に向け、二十八日の印刷製本に合わせ、ぎりぎりの原稿を出したばかりのところで感慨深く書いたと思われる。藤村にとって、雑誌『処女地』の仕事は、自らのアイデアでありつつ、何か導かれ、突き動かされて実行していく感も否めない。彼にしては珍しく、「適しても適しなくても始めて」みた程のチャレンジ精神や、冒険心にあふれている。また、三日後の十八日付の原一平に宛てた書簡でも、『処女地』の刊行を「適しても適しなくても着手して」みたこと、『処女地』が「生れて来た雑誌」であることを、有島宛とほぼ同様に書いた上で、有島には伝えなかった異なる感情を、原には書いている。

何分にも処女地に集まったものは、皆不慣れなものばかりで始めたものですから、勢い小生が出来るだけの面倒を見ねばならないことになりました。しかしこの小さな仕事も、幸いに順調に行くようでしたら、追々と小生の手も懸らなくなるだろうと思います。只今のところにては心配やら楽しみやらです。(10)

原は藤村と同郷の馬籠に生まれ、藤村が『処女地』に関する手紙を送った大正十一年当時は、小学校の教員であった。同時に藤村は長男の楠男を原に預け、原は親代わりとなり、楠男の帰農を導いている時でもあったため、原への文面では、『処女地』に携わる若い女性達への指導や親代わり、といった、リアルな顔つきを素直に表現している。有島と原に宛てた手紙に吐露する、雑誌の仕事への思いは、総じて大変ではあるものの、それでもどこか楽しくて、わくわく感も抱いているように読める。『処女地』同人の女性達への世話に追われつつも、藤村自身が「雑誌経営のことなぞは素人」と書く通り、同人の若い女性達と一緒に、彼もまた未熟な自己と出会っている。この、未熟な自分に気付き、それをよく味わうことを通して新たな自己の姿が生まれ、そのような自分自身を自然と育てているという点は、『処女地』同人の女性達と同じ位置に、藤村もまた立っていることに他ならない。つまり藤村は自分で知らなかった新しい自分の一面を、彼女達との協働作業によって気付き、自己の新たな芸術表現として結びつける時期を迎えたという意味であり、先に述べたように、時代の女性達に藤村が感じとった婦人の眼ざめとは、やがて、同時代の藤村の眼ざめにもつながっている。彼はそれを「爽かな心」という表現で捉えている。

とにかく、吾国の婦人が今の時代に眼ざめかけて来たことは争われない事実のようである。この趨勢が男子にまで及ぼして行く影響にはかなり深いものがあろう。その将来を思い見ると何となく爽かな心を起させる。

大正十一年三月、『早稲田文学』に発表したこの感想は、「今の時代に於ける婦人の地位」というタイトルで執筆されている。丁度、三月中旬に有島や原へ手紙で書いた内容を、それ以前の二月までの時期に、『処女地』創刊に向けての準備に忙殺されながら、既に感想の原稿によって、暗に表現していたことになる。同時代の女性の地位とは、男性にも「及ぼして行く影響」のパワーを持っていること、そのことを、藤村自身が、『処女地』同人の女性達と同じ地位を生身で味わうことによって実感したという意味である。この実感を、彼は『処女地』の精神として、創刊号から終刊号まで一貫して、表紙の裏面に次のように掲げている。

来るべき時代の婦人のためにと思うものが集まりまして、未熟ながらその支度を始めました。『処女地』に集まるものは、文芸に向おうとするものもあり、哲学や宗教に行こうとするものもあり、教育に従事するものもありまして、志すところは必ずしも一緒ではありません。しかし、互に取る道こそ異なれ、同じ婦人の眼ざめを期待します。

（中略）

この雑誌はひろく男子にも読んで頂きたい。姉や妹の書いたものを読んで見る心持でこの雑誌を開いて頂きたい。そして同じ時代を歩む婦人がいかに感じ、いかに考えるかも知って頂きたい。(11)

創刊直前の三月末に送られた『処女地』創刊趣意書と、内容がほぼ同じくする中、男性への購読の呼びかけについては、四月一日の創刊号によって初めて加筆される。藤村は、『早稲田文学』に発表した感想を、タイトル内の「婦人」を「女性」の二文字に変えて『処女地』創刊号にも載せている。時代を生きる日本女性の変化の途中という現実が、男性にも人としての眼ざめをもたらす、例えて言えば「姉や妹の書いたものを読んで見る」ような、自然な安心感に出会うことによって、男性も自然体で、自己を真に実現できる自分の人生に入っていけるという意味である。それはとりもなおさず、大正時代の藤村が直面している女性達の眼ざめ、自己実現に向かおうとする姿勢から、「青年としての私達は当時の眼ざめた少壮な婦人達と共に出発した」ことを思い起こした際、透谷の評論『厭世詩家と女性』を原点とした記憶とつながっている。藤村がいかに、『厭世詩家と女性』から深い影響を受けたかは、『桜の実の熟する時』『春』に詳しい。恋愛は人生の秘密を解く鍵であって、恋愛との遭遇を通し、人は自分しか知ることが叶わない自分の人生の丁度真ん中に入ることが出来る、という理解を透谷の評論から得て、青年としての藤村は一生涯に及ぶ驚愕と感動をつかんだ。同様に、大正時代の彼はまた、『処女地』という雑誌刊行や経営の仕事を通して、自己を真に実現していける自分の人生に飛び込む。そのことは勘違いも間違いも無く、自己の中心線に再び新しく、はまったような感覚をつかんでいる。雑誌の仕事が藤村にとって「適するかどうか」わからない、「適しても適しなくても始めて」みたと友人の有島や同郷の原に手紙で書く程、良い加減で仕事に対しての適当な軽快さがある。『処女地』同人の若い女性達は、将来性が感じられても現実ではまだ心配な面がある未熟さを全員が持ち、藤村も彼女達の道案内人である自分を「素人」と言い切っている位に、自分自身の弱さを隠さない。彼が雑誌の仕事を実行に移した時、実は、まだ何も無く不明瞭な、自己の人生の中央に正しく立てたとは到底思われない現実の段階であった。この段階こそが、青年時代の藤村が透谷の評論『厭世詩家と女性』と出会い、文学芸術を自己の生き方とする、それは彼にとっては、「霊池」と表現し得る「人の心」について自分独自の言葉で言い表すというロマンティックな詩情を、彼の表現技術の特徴として徹するという流れの上で起きた段階と同じであった。それ故に、雑誌『処女地』の基調には、詩心へと結びつくスタイルを自ずと置くこととなった。

二　『処女地』の基調と藤村の新天地

雑誌『処女地』創刊号には、目次の裏に、編集兼発行者としての藤村が書いた「読者へ」という読者向けの文章が掲載されている。

創刊号は御覧のごとく大部分を手紙の読物にあてました。手紙の形式は自由で好ましいものですから、先ず一同手紙から出発することにしました。わたしたちはこの自由な形式に基調をおきたい考えです。（中略）長い世紀の間の沈黙に慣らされたわたしたちが、どうしてそうにわかに自己を言いあらわすことができましょう。わたしたちが物言いのたどたどしいのはその故です。わたしたちはこの『処女地』を小さな『生命の家』とも見て、自分の内部から生れて来るものを育てて行きたい考えです。

『処女地』の基調とは、「自由な形式」であり、その主たる表現方法は「手紙」と考えている。そのことはまた、『生命の家』でもあると書かれている。『生命の家』とは、イギリスの詩人・画家であるロセッティのソネット（恋愛詩）集を指す。ロセッティは、藤村が『若菜集』に収録する恋愛詩を中心とした詩群の数々を発表した仙台の地へ、教員として赴任する直前、本郷区湯島新花町（文京区湯島）に居住していた際、発表した「西花余香」第六章において、初めて詳述される。「西花余香」は、シモンズやマーロー、ボッカチオなどの恋愛詩の中から、レモンの花や藤の花、菫の花など、様々な花を取り上げることを通し、女性をテーマとして書かれた散文である。『若菜集』の詩群が生まれる前段階を指し示す重要な散文であるが、ロセッティについての最初の記述は、『生命の家』のソネット第十九、第五十三が取り上げられている。その後、藤村は『春』『新生』にロセッティを小説の本文中に取り上げるが、いずれも『生命の家』第十九ソネットを、和訳つきで英語の原文を完全に載せている。両小説に共通することは、第十九ソネットを『生命の家』全一〇一篇のソネット全体を要約した恋愛詩として表現する点である。藤村は、雑誌『処女地』に対し、『女学雑誌』から始まる『文學界』の青年時代と同じ「心持」を自分自身で味わいつつ、『処女地』同人の若い女性達に、その「心持」を重ねている。それ故に、『文學界』周辺を詳述した『春』に描かれたロセッティ『生命の家』第十九ソネットとの関係に着目することが自然である。先に引用した『処女地』創刊号の「読者へ」において、藤村が、『処女地』同人の女性達と歩調を合わせて、「わたしたち」と書き表すのは、彼自身も同人の女性達と同じく、「そうにわかに自己を言いあらわすことが」出来ず、「物言いのたどたどしい」現実、すなわち、まだ伸びていける未知の領域にぶつかってしまった自己を十分にかみしめているという意味である。そのような意味においても、藤村にとって、雑誌『処女地』の仕事は、青年時代に透谷や馬場、戸川や平田、星野ら友人達と果たした雑誌『文學界』の時と類似した「心持」を持って臨んでいる。

『処女地』の基調とする「自由な形式」の表現法である「手紙」とは、『生命の家』つまり詩という韻文と同一の文芸スタイルと見ていることは先に述べた。手紙と詩が関わる構成は、『春』に描かれている。作品内において、勝子が主人公の岸本に送った手紙は、『春』という小説の成立上、最も重要視される内容を持つ。彼女の手紙によって、ロセッティ『生命の家』第十九ソネット「静昼」が結びついていき、岸本の自己実現へと切り拓かれる結果となるためである。ただ先に述べたように、『処女地』刊行のアイデアを湧かせたのは、時代の女性達が、自分の心の趣く内容を言葉や行動によって表現していこうと変化してきた様子に、藤村はかつて実際に味わった「フランスの空気」、フランスでの若い女性達の知的な会合を思い出したことが原点として考えられる。三年あまりのフランス在住によって得た、文化上の国際的感覚は、雑誌『処女地』刊行の仕事には欠かせないということである。

　フランス在住中、藤村は新聞連載の形で、紀行文を書き送った。日本へ帰国する未来はまるで見えない時期に、『平和の巴里』（大正四（一九一五）年一月十日、佐久良書房）『戦争と巴里』（大正四（一九一五）年十二月二十四日、新潮社）として刊行されている。この二作品で藤村が強調したことは、内容は旅行記つまり紀行文でありながら、「手紙」であると表現した点にある。その理由は、パリに来て一年目の内容を書いた紀行第一集『平和の巴里』において、明らかにされている。第一次大戦の始まりをパリで迎えて以来「まだ一回も故国からの音信に接することが出来ません」と藤村は書き記す。パリとロンドン間のヨーロッパの交通すら断絶する可能性を持つ戦渦の現実においては、「音信の覚束ないのが一番気掛り」、つまり彼にとって最も気になることは、手紙による郵便物の連絡が完全に断たれている点であった。戦争によって心が痛むことを誰もが味わわざるを得ない程、パリでの悲壮な現実が続く中で、藤村はリモージュに疎開する決心をする。

> 私は自分の両手に提げられるだけの旅の荷物の中に、せめては斯の書の草稿を入れて巴里を出たことを仕合せに思います。[12]

　自分の両手だけに納める疎開先へのわずかな荷物に、彼は『平和の巴里』の原稿を入れた。その行為を、藤村は「仕合せ」として、幸福な気持ちを抱く。最も気掛りなことである、手紙による通信が断絶しているからこそ、彼にとっては、『平和の巴里』が「全部手紙です」、すなわち自分の文学作品そのものが「音信」、手紙に等しいという新たな捉え方を得る。この捉え方が「仕合せ」という幸福な感情を生んだことは、フランスに生活する以前より、自己の文学芸術に荒廃や衰退しか感じられなかった状況を、打破する糸口となった。フランス滞在時、『桜の実の熟する時』前半部四章分を執筆しているが、続編にあたる『春』も、それに合わせる形で、「緑蔭叢書」として自費出版をした最初の刊行以来、新潮社より出版されている。先に述べた通り、両作品は雑誌『文學界』周辺を描いており、フランス在住時にそのような「青年時代の記憶」を作品化する流れがあった故に、雑誌『処女地』刊行に対しても、『文學界』の青年時代と同じ「心持」を持って臨むことに違和感は無かったと言える。特に、『桜の実の熟する時』は「若い日の幸福」をテーマとしているが、同作品をフランスで執筆していた際、藤村は『平和の巴里』後半部も書き進めていた。リモージュに疎開をした時には、『平和の巴里』原稿分をひとまず書き終えた状態で、疎開先への荷物の中に原稿を入れた訳であるが、『桜の実の熟する時』は、執筆中のままリモージュに赴いた状態となっていた。この作品の〈幸福〉には、文学芸術の道を進むことが青年主人公の自己実現を成就させていくという内容をぶれずに意味しており、『平和の巴里』の原稿を通して藤村が新しく抱いた、自己の文学作品への幸せな感情を生み出す捉え方が、『桜の実の熟する時』の作品としての構築に大きく作用していると思われる。それ故、雑誌『処女地』の基調が「手紙」という「自由な形式」になったことは、藤村がフランスで感得した文学作品そのものが「音信」、手紙と同等であるという、主体の文芸スタイルとしての新しい表現方法への考え方も反映されている。『処女地』同人の女性達と等しく、藤村自身も含めて「わたしたち」という表現で、創刊号に雑誌の基調を述べたのは、『処女地』の仕事がまだ伸び代のある未知の領域を持つ自己として、新天地と成り得る表現への取り組みが藤村に見られるということであろう。

とはいえ、『処女地』を創刊する前年の大正十年の年末、飯倉を訪ねた新聞記者に、「私はただ案内役」と話した当初から一貫して、藤村は雑誌の仕事では事務と経営の最終責任を負い、雑誌には、その責任者たる「発行者のページ」としての「読者へ」という前書き或いは後書き、また編集後記を執筆する裏方の立場に徹していた。同人の女性達に、『処女地』への投稿原稿や編集などの実際の指導と運営は彼が行うものの、表立たないということである。この、裏方の藤村は『処女地』のみしか表されず稀有であるだけに、注目に値する。第四号の「読者へ」では、男性にも人としての眼ざめがもたらされると感じさせる「婦人の眼ざめ」、時代を生きる女性の先覚的な在り様を紹介している。

『処女地』の読者に爪哇婦人の若い先覚者ともいうべ

きカルチニの手紙を勧める。左の手紙は加藤朝鳥君によって訳されたものである。

『(中略)新しい女――幸福で自己を恃むことが厚く、軽快に活発にこの人生の自己独特の道をつき進んで行く。燃ゆるが如き熱望に充ち、温い情感に溢れて居ます。その人達は単に自己の幸福を開拓して行くばかりでなく、人類全体の更によき善の為に努力して居るのであります。

わたしは今到着した処の新時代に対しては、燃ゆるばかりの熱望を抱いて居ります。[13]

評論家・翻訳家の加藤朝鳥によって訳されたジャワ女性カルチニの手紙の一部分を掲載し、「これからは自分でも筆を執って、毎月飯倉だよりを報じて行くつもり」と書いている。藤村は、この第四号から自己の担当する「発行者のページ」としての「読者へ」欄に作家名「島崎藤村」と書くようになる。それまでは編集兼発行者を「島崎春樹」と本名で奥付に記し、裏表紙に"THE SHOJOCHI"と英語による奥付に相当する表記をした上で、「島崎藤村発行」と書くのみであった。第三号までは雑誌の本文に作家名も本名も書かず、奥付に、藤村と春樹の両方の氏名を書いただけということである。

第四号から「自分でも筆を執って」書くようになったのは、藤村にとって雑誌の仕事が一層、自己の表現と結びつく流れが起きたためと考えられる。同人の女性達のうち、編集主任を務めていた福西が急病を患い、築地の病院に入院し、編集助手の加藤が福西の業務を担うことになる。このことについては、「猿楽町より」[14]や『ひとすじのみち』[15]、小説『三人』(大正十三(一九二四)年四月、「改造」)のうちに挙げられているが、七月号にあたる第四号から明らかに、『処女地』の仕事に変化があったと理解できる。伊東一夫氏は、第四号の「読者へ」(爪哇婦人カルチニの手紙)を留意すべき藤村作品として大正十一年の藤村の「年譜」に取り上げている。

この変化は、第六号の「発行者のページ」としての「飯倉だより」にも見られる。

最近に私は横瀬夫人から便りを受取った。その中に、横瀬氏の友人で独逸に在学せらるるという某君からの通信が同封してあった。左に掲げるのはその最近の消息である。

『辻々に立つ花売の籠に真白な松雪草の花が盛られて、暖かい日を浴びて路を通る人々が争ってその一束を買っては胸に挿んで行くという様な一日があった。それが今年の春の第一のおとずれであった。
（中略）
『春らしい春の来ないうちにもう何と云っても初夏である。「カフェー」では戸の外に食卓や椅子を並べて、そこには男女の客が香り高い珈琲を啜りながら往来の人を眺めている。あちこちの氷滑場はすっかりテニスコートに変って此頃では八時頃まで明るい夕空に軽快な服を来た男女の学生が球を打っている。（中略）
『復活祭の休暇後「夏の学期」から自分もここの大学の門を潜るようになった。幾年ぶりかに黒板を前にして教室に座るのも面白い。（中略）
『講義を聴くものは廿歳前後の男女学生に止らない。色々の階級、色々の年輩の人が集まる。殊に夕方の講義はそうだ。露西亜人らしい顔付の女学生に並んで、今事務所からの帰途と見える半白の男が座っている。軍人と思われる体格の堂々たるものも居れば、年のふけた奥様も来ている。教授が室に入ると聴衆は靴で床を踏みならして歓迎の意を表す。講壇に立つが早いかもう講義が初まる。（中略）夕方校門を出ると、疲れた頭につめたい夕風が快く、「ウンテル・デン・リンデン」街の菩提樹が長く連った向うにブランデンブルグの凱旋門の方の空が菫色に夕日に彩られて如何にも美しい。(16)

『処女地』創刊に尽力した横瀬の手紙に同封されていた、ドイツ在学中の友人の手紙を、藤村は読者向けの「飯倉だより」として紹介する。ジャワ人カルチニの手紙と同じく、横瀬の友人がドイツから寄せた手紙を、藤村は自己の書き伝えたい表現とする。カルチニにしても、横瀬の友人にしても、共通しているのは幸福の感覚を捉える点にある。横瀬の友人が書いたドイツの様子は、老いも若きも共に、男性と女性が双方等しく描写されている。個々の女性がそれぞれ自分に合った自己実現を遂げていくという「婦人の眼ざめ」は、やがて男性にも自然な形で自分らしい人生に入っていけるチャンスを与える影響力を与える、雑誌『処女地』の精神を、そういう軽快で生き生きとした調和に求めたことが、ドイツからの手紙を自己の表現として報じた、裏方の藤村の極めて表立った芸術性である。九月号にあたる第六号は、藤村にとって大変な労苦と優れた好ましさとが、一際、見て取れる内容であったらしく、『処女地』全号のうちで第六号だけ、目次の一部に太字の表記がある。九月号にあたる第六号については『ひとすじのみち』で詳しい記述があるが、藤村が大変ながらも秀作とした『処女地』第六号の編集時期は、第三感想集『飯倉だより』と『エトランゼエ』（大正十一（一九二二）年九月十八日、春陽堂）を刊行しており、注目すべき時期である。

「君が園は花のさかりなり」

　と英吉利の詩人はそのソンネットの一つに歌った。そのこころはもとより愛するものの生命に関してではあるが、私達はこの花のさかりをあらゆるものの生命に見たい。私達が住む狭い世界の何処かに今花のさかりだと言えるようなものを欲しい。（「花のさかり」）

『飯倉だより』に収録された「花のさかり」は、『処女地』最初の仕事の時期である大正十一年一月に発表されている。発表当初は「飯倉だより」が原題であったため、九月に単行本に収録されるにあたり、「花のさかり」とタイトルが変えられたことになる。先に述べたように、『処女地』の基調は「手紙」という「自由な形式」にあり、その基調はイギリスの詩人・画家ロセッティのソネット（恋愛詩）集『生命の家』とも見ることを掲げている。感想「花のさかり」は、ロセッティのソネット集『生命の家』を読んだことによる思索表現であり、感想を書く上で、雑誌『処女地』の仕事が、その表現を形成する背景となっていることは自然に考えられる。『処女地』第六号では、「秋草」というタイトルで、八人の同人の女性達が、秋に咲く花々をテーマに執筆している。第三号では、「花の言葉」というタイトルで、春に咲く花々をテーマに、六人の同人の女性達が執筆する。そもそも、藤村は『若菜集』の前段階と言うべき「西花余香」第六章において、ロセッティを初めて紹介した時から、ソネット『生命の家』を薔薇の花のうちに作品を表現した。それ故に、雑誌『処女地』は、表紙の裏に書かれた趣意に基づき、花々に例えられるような女性の自己実現、ひいては自ずと男性も自己実現を開花し得るという、「来るべき時代」、新しい時代を感じさせることへと向かっていた訳であるが、大変ながらも秀作とした第六号の編集時期では、藤村の感想集と紀行文のうち、山室静氏[17]や神田重幸氏[18]が述べるように、それぞれのジャンルにおいて最も優れた作品とされる『飯倉だより』『エトランゼエ』を刊行させたのは、『処女地』という雑誌の仕事が「不慣な仕事」であるものの、『処女地』を通して初めて、藤村の新天地の表現も開花し得たと言える。

おわりに

雑誌『処女地』は大正十二（一九二三）年一月号にあた

る第十号で終刊する。十ヶ月ほどで幕を閉じたことになるが、藤村にしてみれば「すくなくも二年か三年は続けるつもり」であって「終刊を早めた」という意識を持っていた。経営方法など物理的な困難を理由としているが、雑誌『処女地』の基調である「手紙」という形式は、藤村にとっては『平和の巴里』を書いた時に生じた、自己の文学作品に対する幸せな感情を抱かせる主体の文芸スタイルという認識に基づく、言わば新境地や新天地と言うべき表現へと通じるが、『処女地』終刊後、小説『三人』や感想集『春を待ちつゝ』（大正十四（一九二五）年三月八日、アルス）において、一層、結実を見ることとなる。『処女地』の基調を『生命の家』、言わば、詩心と見ることが、藤村において、雑誌『文學界』周辺時に生み出された『若菜集』からのロマンティックな詩情と同線の上で、新天地の表現が取り組まれていった。それは『処女地』周辺時の藤村にあって、詩を感じること、すなわち詩心を味わうことは、時代を新しく捉え直すという文化の進展や文明を論じるための鍵ともなっていくのである。

注

（1）伊東一夫編『島崎藤村事典　改訂版』藤村年譜（昭和五十一（一九七六）年九月、明治書院）

（2）初出は「女性日本人」掲載。『飯倉だより』（大正十一（一九二二）年九月、アルス）初版時に、「婦人の眼ざめ（一）」と改題。引用文は、新装版『藤村全集』第九巻（昭和四十八（一九七三）年十月、筑摩書房）に拠った。但し、旧仮名づかいは新仮名づかいに、旧字体は新字体に改めた。

（3）島崎静子『藤村の思い出』（昭和二十五（一九五〇）年五月、中央公論社）

（4）大正十年十二月二十九日付「東京朝日新聞」

（5）注（2）に同じ。

（6）新装版『藤村全集』第十七巻（昭和四十九（一九七四）年六月、筑摩書房）。但し、旧仮名づかいは新仮名づかいに、旧字体は新字体に改めた。

（7）注（6）に同じ。

（8）注（3）に同じ。

（9）注（6）に同じ。

（10）注（6）に同じ。

（11）『処女地』第一号（大正十一（一九二二）年四月、処女地社、上田屋書店発売元）。以後、『処女地』引用文は全て、『処女地』（第一号～第十号）（大正十一（一九二二）年四月～大正十二（一九二三）年一月、処女地社、上田屋書店発売元）に拠った。但し、旧仮名づかいは新仮名づかいに、旧字体は新字体に改めた。

（12）新装版『藤村全集』第六巻（昭和四十八（一九七三）年七月、筑摩書房）

(13)『処女地』第四号（大正十一（一九二二）年七月、処女地社、上田屋書店発売元）

(14) 加藤静子「猿楽町より」（『処女地』第五号「わたしたちの手帳」（大正十一（一九二二）年八月、処女地社、上田屋書店発売元））

(15) 島崎静子『ひとすじのみち―藤村とともに―』（昭和四十四（一九六九）年六月、明治書院）

(16)『処女地』第六号（大正十一（一九二二）年九月、処女地社、上田屋書店発売元）

(17) 山室静「「飯倉だより」と「春を待ちつゝ」」（『藤村全集』第九巻月報（昭和四十二（一九六七）年七月、筑摩書房）

(18) 神田重幸「エトランゼエ」事項（伊東一夫編『島崎藤村事典　改訂版』（昭和五十一（一九七六）年九月、明治書院））

（島崎藤村学会会員）

感想集『飯倉だより』と当時の新聞雑誌

——初出と校異から——

永渕　朋枝

『飯倉だより』（アルス　大11・9　単行本）は、新生事件、フランスへの旅を経た藤村が、「広く深い体験と視野」をもって「藤村感想集のスタイル」を完成したものと高く評価されてきた（山室静「『飯倉だより』と『春を待ちつゝ』」『藤村全集』第九巻月報、等）。けれども『飯倉だより』全51篇のうち、『藤村全集』（筑摩書房　昭31～46。以下「全集」と記す）第九巻「解題」に初出が記されているのは27篇である。本稿は、確認できた49篇（内△印を付けた3篇は部分）の初出[1]と主な校異を示し、そこから『飯倉だより』について考察するものである。

凡例

一、篇の題をゴシック体で記し、「解題」に初出記載のある篇に「□」、それに訂正や補足のあるものは「⧄」を付す。

二、全集九巻の頁（漢数字）・行（アラビア数字）を記し、「全集本文　↑初出本文」によって改稿を示す。「／」は本文中の改行、「／／」は同行に二箇所異同のあることを示す。全集底本は単行本であるが、両者が異なる場合に「（↑単行本本文）」を加える等、適宜補足する。

三、校異は、主要なものに限る。原則、仮名遣い・送り仮名・外国語の表記・句読点・ルビ・ほぼ同義の漢字仮名表記の異同、明らかな誤植などは記さない。初出の「○」等による区切りが、全集では一行あきとなっている等の体裁や、初出ルビの有無についても記さない。総ルビの初出本文は適宜パラルビに改めた（単行本はルビなし、全集はパラルビ）。

四、漢字は、原則として新字体に改めた。

三人の訪問者 ⧄

大6・1・1 『潮音』3-1「冬」
大8・1・1 『開拓者』14-1「三人の訪問者」

全集「解題」には、後者のみ掲げられているが、訪問者「冬」についての前半（五2～六12）は、前者に発表され、【五7～六12】までは前者のみにある。この部分は「全集本文 ↑後者の本文《↑前者の本文》」を記し、全集本文と同じ場合は「↑全」と記す。

五1 訪ねて来た。 ↑全《↑私の側へ来た。》
五2 私が待受けて居たのは正直に言ふと、もつと光沢のない、単調な、眠さうな、貧しさうに震へた、醜く ↑遠い旅から帰つて私が『冬』を待受けるのは今年で三度だ。過ぐる年のこと、『冬』は旅から帰つたばかりの私の側へやつて来た。その時、私が心に待受けたのは、もつと光沢のない、単調な眠さうな顔付をした、醜く《↑全》
五4 自分の側に ↑自分の側へ《↑全》／／まるで自分の先入主となつた物の考へ方や自分の ↑まるで自分の《↑全》
五5 反対であるのに驚かされた。私は尋ねて見た。／『お前が「冬」か。』↑反対であつたのに驚かされた。『お前が「冬」か。』／と尋ねて見たくらゐであつた。〈六13「↑」に続く〉《↑全》
【五11 来て居た《↑来て居る》
五13 出して居た《↑出して居る》
六1 あつた《↑ある》
六3 居た《↑居る》
六4 三年の間《↑過ぐる三年の間》／／暗い ↑暗い暗い
六10 久しぶりで《↑ことしは久しぶりで》／／冬籠りした《↑冬籠りする》／／三年の旅の間《↑過ぐる三年の間》
六11 居た《↑居る》
六12 『冬』だつた。《↑『冬』だ。／『冬』は私に樫の樹を指して見せた。髪のやうに輝いたその葉の間には、歌はない小鳥が隠れて飛んで居て、言葉のない歌を告げ顔である……》】
六13 『冬』はそれから毎年のやうに訪ねて来たが、麻布の方で冬籠りするやうに成つてからは一層この訪問者を見直すやうになつた。『冬』で思出す。かつて信濃 ↑今年も私のところへ訪ねて来たのはその『冬』だ。信濃

六14　親しみが　↑親しみは
七5　思つた。／遠い旅から帰つて三度目の『冬』を迎へた年ほど私も　↑思つた。その時も、『冬』が私にいろいろな樹木を指して見せて、あの椿を御覧、あの八つ手を御覧、あの満天星(どうだん)を御覧、と言ふ度に私は驚かされた。私が『冬』の微笑を見つけたのも其時からだ。／今年ほど私は
七6　見たためしはなかつた。　↑見た年はない。
七8　その年　↑今年
七12　あつた。／『冬』　↑ある。／私のところへ訪ねて来たのは、どうしても武蔵野の『冬』だ。／『冬』
七15　この私のこゝろざしだ。』と。　↑私のこゝろざしだ。』
九4　『萎縮』　↑　萎縮
九11　知れない。……　↑知れない。私が戸口に佇立んで居るもの、姿を、ほんの僅か見たばかりでも、恐ろしいほど美しい………

土　⧄
大10・4・1　『芸術自由教育』1-4　「飯倉だより」
胸を開け（大正九年を迎へる時）　□
大9・1・1朝　『東京朝日新聞』「胸を開け」
一一8　過度な分析　↑分析

一二1　見るにつけ、　↑見るにつけて私には、
一二4　歓喜の色　↑喜色
一二13　前を　↑眼前□〔空白〕
一三1、14　焦燥　↑燥焦〔計三箇所〕
一三13　成らない。ミシュレエ　↑成らない。／マルクスからジヨオレスまで飛ばねばならない。ミシユレエ
一四2　時はない。私達は　↑時はない。私達は露西亜の一方に智識階級の没落を望んでも仏蘭西の一方には智識階級が今もなほ時代の先登(せんとう)に立つことを忘れてはなるまい。私達は
一四3　送らねばならない。／『私達の周囲にある空気は重い、／窓をあけ放て、／自由な空気をそゝぎ入れよ。』　↑送らねば成らない。何と言つても二葉亭と透谷とは私達に取つての二大先達だ。私達は忍耐し、忍苦して、あの先駆者の踏み出した道を迷はず進んで行かう。

回想のセザンヌ　⧄
大9・7・11朝　『読売新聞』日曜附録　「飯倉だより―（『回想のセザンヌ』）―」
一五2、3　或は美術上　↑或美術上
一五3　居るであらう。　↑居るのであらう。

一五5　見ることが　↑見ることも
一六14　セザンヌは孤独に　↑セザンヌは孤独であつたかと思ふ。又その孤独に
一六17　ありがたく思はれて　↑ありがたくも思はれて

ルウヂンとバザロフ　□
大9・3・1　『雄弁』11-3　「飯倉だより（ルウヂンとバザロフ）」
一八6　焦燥　↑燥焦〔二箇所〕
一八13　私達は近頃　↑私は近頃
一九3　朝日新聞紙上に　↑この正月元旦の朝日新聞紙上に
一九14、二〇14　恁う（か）　↑斯う
二〇3　私など　↑私なぞ
二二1　『虚無主義』　↑『虚無主義者』
二五1　見るならば　↑見るなら
二五4　ところに、　↑ところにまた、

芭蕉　□
大8・1・1　『新小説』24-1　「飯倉だより」
二八12　情熱　↑熱
二九10　来れる　（↑来る）　↑来る　《来れる》(2)
二九13　能はず　（↑閑はず）　↑閑はず　《あたはず》／／閑にならん　（↑閑ならん）　↑閑ならん　《閑にならん》
二九14　無用の辞　（↑無用の辞）　↑無用の弁　《無用の弁》
三一15　終に無能　（↑終には無能）　↑終には無能　《終に無能》
三四9　独り酒飲みて　（↑濁酒飲み）　↑濁酒飲み（にごりざけのみ）　《ひとり酒のみて》
三四11　寝られぬ　↑寝られぬ　《寝られね》

北村透谷二十七回忌に　□
大10・7・1　『大観』4-7　「飯倉だより（北村透谷二十七回忌に）」
三五2　二十五歳　↑二十四歳
三五2　二十一歳　↑二十歳
三六3　『露西亜文学の現実性と理想性』　↑『露西亜文学の現実と理想』(3)
三六3　『日本文学の現実性と理想性』　↑『日本文学の現実と理想』
三八10　相容れなかつた。／お母さん　↑相容れなかつた。お母さん
三七14　と聞いて　↑とも聞いて
三九17　と思ふ。　↑とも思ふ。
四〇15　頃の出来事を書いたものだ。　↑頃に出来た。

それからしばらく麻布霞町の方に移つて、山羊
なぞを飼つて居たこともあつた。

四〇18　ものが出来た。　↑ものが沢山出来た。『星夜』、『山庵雑記』、あゝいふものを書いたのもあの林の中だ。

四〇19　ものがある。　↑ものが沢山ある。

四一6　東京の家　↑芝公園の家

四一14　持つて居た。　↑持つて居て、

四三12　透谷には二葉亭に　↑透谷は二葉亭の持つたやうな『眼』を持たなかつたばかりに、二葉亭に

四四1　見て来ると、透谷のやうな Passionate な性質の人が奈何いふ方向を執つて動いて行つたかといふことが　↑斯う思つて見て来ると、透谷の進んだ生涯は新しい道徳を求める方向に動いて行つたことが

四四14　熱い愛惜の情　↑愛惜の情

四五1　本質的に　↑根本から

四五3　能なく　↑能なく弁なく

トルストイの『モウパッサン論』を読む　□

大10・9・1、10・1、11・1　『早稲田文学』190、191、192　「飯倉だより（トルストイの『モウパッサン論』を読む）」

（各回が「一」「二」「三」にあたる）

四六11　入つて居る　↑入つて行つて居る

四六12　芸術上の作品　↑芸術上の仕事

四七2　道徳説　↑単純で頑（かたくな）な道徳説

四七6　成つてから　↑成つたから

四七8　すぐれて居る。トルストイ　↑すぐれて居る。／トルストイ

四七13　忘れられないで　↑忘れられないので

四八16　聞いたやうな冷たさ　↑聞いたやうな、さめて行く友情の冷たさ

四九4　この人　↑その人

四九10　愛の感情　↑愛憎の感情

四九18　道徳家が二人ながら私の前　↑道徳家とが二人ながら私の前

四九18　『モウパッサン論』だ。彼は　↑『モウパッサン論』だ。／彼は

五〇3　熱心な率直な　↑熱心で率直な

五〇6　人とは思はれない。　↑人ではない。

五一5　話したといふ。　↑話した。

五一8　ところが、　↑トルストイがモウパッサンの短篇を手にした場合は、外に述べたやうなツルゲネエフへの義理一遍にいや〳〵読んで見たやうなものであつたらしい。ところが、

五一12　作中の最傑作　↑作中最傑作
五二14　云つてゐる。　↑云つてある。
五三3　差別をすら知る　↑差別を知る
五三16　否まれない。あの　↑否まれない。バルザックの書いたものには何となく北の欧羅巴の方に興つた写実的な文学と共通するものがあるやにも思ふ。あの
五四3　の主人公　↑の女の主人公
五五15　周囲のある　↑周囲にある
五六16　幻想　↑幻影
五七9　到頭　↑到底
五七18　ひとりの作者　↑ひとりあの作者
五七19　世と戦ひ、殆んど　↑世と戦ひ、周囲と戦ひ殆んど
五八12　ならない。だが、道徳家　↑ならないことは知つてゐる。だが、私達は道徳家
五九17　あるがまゝに　↑あるまゝに　／／顧み、　↑読み、
六〇10　毎日の同じ　↑毎日同じ
六一1　両手　↑両腕
六一12　感覚的の幻想　↑感覚的な幻想
六一15　見えた。　↑見えて、
六二1　原始的の　↑原始的な
六二1　基督教説　↑基督教的な禁欲説
六二4　思へない。　↑見えない。
六二11　言葉は　↑言葉の

二三の事実　△

前半初出未詳。
大11・1・16朝『東京朝日新聞』月曜附録「二三の事実」（後半、六四6〜六六3の初出）
六五5、7　中村星湖氏や吉江喬松氏　↑中村星湖君や吉江喬松君（六五9　中村星湖氏、六五10　吉江喬松氏　も同様）

樹木の言葉　⧄　△

大11・4『良婦の友』「樹木の言葉」（「解題」にこれのみ掲げられているが、所蔵不明のため未見。左記の他の部分の初出か）
大11・6・1『旅行と文芸』1-1「棕櫚と躑躅（樹木の言葉）」（七〇7〜七一18の初出）
七〇13　そのくせに　↑そのくせ、
七〇14　して呉れる　↑しては呉れる　／／けれども　↑けれど
七〇16　世界の　↑世界に
七一15　知れない。　↑知れないのだ。

初恋
大10・8・1　『中央文学』5−8　「飯倉だより」（扉に藤村の原稿と写真を掲げ、「――島崎藤村氏が、最近の感想は唯だこの一語に尽きてゐるとて、――／――特に寄せられたる原稿です。肖像は、最近の撮影（記者）――」という附記がある）
大10・8・1　『芸術自由教育』1−8　「飯倉だより」

虎に騎る人、『遊戯』の世界
大10・4・1　『潮音』7−4　「飯倉だより」
七五7　世界の自由で広大なのには　←世界には実際驚かされる。／○／庭にある芍薬の芽も延びた。草木の芽出しほど、いろ〳〵な形と色とであらはれて来るものはない。殊に紅い芍薬の芽は焔そのまゝとも言ひたいほど美しい。／さう言へば、なまぬるい、あたゝかい、底に嵐を持つたやうな風が吹いて来た。春を待つ心は、嵐そのものを待受ける心だ。不安ながらに楽しい。

パッション　⧄
大10・5・1　『芸術自由教育』1−5　「飯倉だより」
七六1　対しても　←対して

花のさかり　□
大11・1・1　『婦人之友』16−1　「飯倉だより」

恥　□
大11・4・1　『婦人之友』16−4　「飯倉だより」
七七2　恥だ。／○／詩人ブラウニングの言葉に、／『女らしさとは母らしさの謂（いひ）だ。すべての愛はそこに始まり、そこに終る。』〈「解題」「補註」に記載あり〉

忿り、遊戯　□
大11・3・1　『婦人之友』16−3　「飯倉だより」
七八3　出来る。　←出来る。／○／同じことが夫と妻との間にも言へるやうな気がする。〈「解題」「補註」に記載あり〉

婦人の力　□
大11・2・1　『婦人之友』16−2　「飯倉だより」

涙の力に　□
大11・1・1　『婦人公論』7−1　「〈今後婦人の行くべき道〉涙の力に」
七九2　奈何なる　←拝復。奈何なる
七九2　ですか。　←ですが、

愚かな健康　□
大11・5・1　『婦人之友』16−5　「飯倉だより」
七九7　そんな返事　←あんな返事
七九9　味へない　←味はない
八〇1　疲労だ。恐らく　←疲労だ。長いやうで短い人

生に無関心で居られないのも、この疲労だ。恐らく

孫の愛 □

大11・7・1『婦人之友』16-7「飯倉だより」

フランシスの伝説 △

大11・5・10 東洋哲学 29-5「浮び来るまゝ」（末尾に「東洋大学文芸研究会講演——栄記」。全集未収）に同趣旨の箇所がある。

前世期の名残、クリスマス、熱い料理、熱い菓子、誠実、二人の男、老年

大7・1・1朝『東京日日新聞』「芝の客舎にて」（削除された章は、四八二～三頁「拾遺」に収録）

八一13 界隈に ↑界隈には

八一13 芝の桜川町の辺は ↑今住む芝の桜川町は

八一14 あの界隈 ↑この界隈

八二1 窓など ↑窓なぞ

八二1 あの丸の内 ↑この客舎に居て見ると、あの丸の内

八二4 お祭り騒ぎ ↑クリスマス

八二5 祈祷の気分は ↑祈祷（いのり）の気分の方を

八三1 吸物 ↑露物

八五1 得るかと思ふ。 ↑得る。

昨日、一昨日 ◿

大8・1・1『早稲田文学』158「昨日と一昨日」

八五9 養はれたのであらう ↑養はれたであらう

八八16 激流 ↑潮流

八九14 一写実家 ↑一小写実家

文学に志した頃

大10・10・1『中央文学』5-10「私の文学に志した頃」（別巻五八三～五頁に収録）

九一2 文学 ↑文芸

九一11 境遇 ↑境涯

九二8 成つた。 ↑成つた。／（大正十年九月十日）

熱い汗と冷たい汗（大正七年の暮に）

大7・12・1『新潮』29-6「〈本年発表せる創作に就て〉熱い汗と冷たい汗」

芭蕉と一茶

初出未詳。

柳澤健君著『現代の詩及び詩人』小序 ◿

大9・10・9 柳澤健『現代の詩及詩人』（尚文堂）「序の言葉」

九四4 透谷はその一生 ↑透谷は一生

九四6 生れて来る。 ↑生れて来た。

九四9 書いてある。 ↑書いてある。／大正九年十月

一日

現代小説選集序 □

大9・11・23 嶋崎藤村・長谷川天渓・有島武郎・片上伸編『田山花袋徳田秋声誕生五十年祝賀記念 現代小説選集』(新潮社)「序の言葉」

田中卯一郎君処女作集『悩める人々』序

大10・2・25 田中宇一郎『悩める人々』(聚英閣)「序の言葉」

小野賢一郎君著『洋行茶話』序

大9・6・5 小野賢一郎『洋行茶話』(正報社)「序の言葉」

九七1 見たい。 ↑見たい。大正九年四月。麻布飯倉片町にて。

自分の全集のはじめに書いた序の言葉 □

大11・1・1 『開拓者』17-1 「飯倉だより(自分の全集のはじめに書いた序の言葉)」(藤村全集刊行会版『藤村全集』第一巻《大11・1・25》掲載「序の言葉」は、別巻九二八~九頁に収録)

九七3 開いて見て ↑開いて

九七4 僅か一歩 ↑僅かに一歩

九七6 はじめ ↑はし

九七7 見る多く ↑見るやうな多く

九七8 別のこと ↑別のもの

九七9 そのこと ↑よくそのこと

九七11 私がこの ↑この

九七12 国木田独歩君、中澤臨川君 ↑国木田独歩君、上田敏君、中澤臨川君

九七13 旧友や知己 ↑知己や友人 //人達の多く ↑友人の多く //しまつて、今日まで ↑しまつたほど斯の艱い時代に、今日迄

九七14 ながらへて来た ↑ながらへた //気がする。 ↑気もする。

九八1 歩み ↑歩き

九八6 人達 ↑青年 //心を ↑心が

九八7 である。 ↑である。(一〇・一二・一一)

婦人の眼ざめ □

大10・6・1 『女性日本人』2-6 「飯倉だより」(「一」の初出)

大11・3・1 『早稲田文学』196 「〈婦人と新文化〉今の時代に於ける婦人の位置」(「二」の初出)

九九1 六百人 ↑七百人

九九8 境遇 ↑境涯

九九8 その婦人 ↑その若い婦人

一〇〇1 当時の ↑当時に

一〇〇4　唱歌者として　↑唱歌者としても
一〇〇5　婦人の手に成る述作　↑婦人の書いたもの
一〇一6　女性自身の内部に――本能と性慾とに支配され易く見える女性自身の内部に、その深い眠り　↑女性自身の内部にその深い眠り
一〇三6　私は　↑昨年私は
一〇三9　――世には　↑世には
一〇三15　――婦人の　↑婦人の
一〇四18　考へる。兎に角、　↑考へる。窓を開け放て、そして新しい空気をそゝぎ入れよと言つてやりたいと考へる。兎に角、
一〇四19　思ひ見る　↑想ひ見る

童話　□
大10・6・1　『早稲田文学』187　「〈童話及童話劇についての感想〉童話について」
一〇五6　楠山君の話　↑楠山君の講話
一〇六2　思はれた。　↑思はれる。
一〇八2　送らうと思ひましたが、　↑送らうと思ひ〳〵したが、

複雑と単純
大9・1・1　『潮音』6-1　「飯倉だより」
一一〇11　焦燥　↑燥焦

文学にあらはれたる国民性の一面　⧄
大10・4・1　『解放』3-4　「文学にあらはれたる国民性の一面」
一一一5　明治初年　↑明治年代
一一一10　歌川派　↑歌川流
一一二5　山陽には余程　↑山陽にはまだ余程

土岐哀果の歌
大9・3・1　『短歌雑誌』3-6　「土岐哀果の歌」
一一五4　味はれる。／多くの場合に　↑味はれる。／○／われら貧しくかしこに住むと顧みて真昼の靄のなつかしさなれ／ゆふぐれの石ころ路を踏みなづみ眼に入りし雑草の小さなるあはれ／汗ふくやこのしづかさもありけりと香をいたゞくわが掌／眼のまへの埃のみちのあかるさに額の汗を佇みぬぐふ／新見附けふも忙しく過ぎながら馬場先生を久しく訪はず／忙しい齷齪とした生活の中に、ふと見つけた静けさ――さうしたたぐひの哀歌の歌には言ひしれぬ懐しみのある歌が多い。／○／多くの場合に

ふと見つけた静かさ、民謡、芸術と先蹤
大11・1・1　『文化生活』2-1　「飯倉だより」

一一九10　来て居る。　↑来て居た。
一二〇4　言つてい丶。　↑言つてい丶。／〇／文化は何から造られるか。文化は文化から造られるものだらうか。／この問は、ある他の優秀な文化から更に新しい文化を造らうとするやうな企てから生じて来る。この問は、又、芸術から芸術を造らうとするやうな企てと共通した暗示を与へるところからも生じて来る。
一二一9　あるまい。　↑あるまい。／同じことが文化といふもの丶上にも言へると思ふ。だから私は今日の摸倣の多いのを憂ひない。寧ろその摸倣の力の薄弱なのを恨みとする。

初学者のために

初出未詳。

巴里 □

大10・4・1　『国粋』2-4　「〈春〉巴里の春」
一二六6　天文台の　↑天文台前の
一二六11　籠つて、　↑籠ると、
一二六12　見るより、　↑眺めるより、
一二七12　桜　↑梅桜（もゝさくら）
一二八2　ないと　↑ないものと

寝言

大10・6・1　『人間』3-6　「飯倉だより」
一二八11　お酒だ、おばあさんのやうな人の飲むものだ』　↑お酒だ、』
一二九1　今までも　↑今日までも
一二九6　あるひは娘時代　↑あるひは妻として行ひすまして居る日に娘時代
一二九10　表情すら　↑表情が
一三〇4　その人をなつかしむ　↑その人のことを多く思出す
一三〇5　酒呑に　↑お酒呑に
一三〇9　平素は遠い人も近く、　↑遠い人も近く、平素は
一三〇11　稀にその人の飲んだ　↑稀に飲んだ

パスカルの言葉（ある人のために、パスカルの言葉を抄録する。）　⧄

大9・5・1　『中央文学』4-5　「飯倉だより＝＝パスカルの言葉＝＝」（写真入。前半、一三六9までの初出）
大9・7・1　『婦人之友』14-7　「飯倉だより」（後半、一三六10以降の初出）
一三一5　些細な　↑『中央文学』読者のために、パスカルの言葉を抄録する。／〇／些細な
一三四9　まことの道徳は道徳を笑ふ。　↑まことの道

徳を笑ふ。

一三五9　何時までも　←何時でも

一三六1　強さ　←強度

一三六10　あまりに　←『婦人之友』の読者のために、パスカルの言葉を抄録する。／○／あまりに

一三七3　同じ事を　←同じ事で

一三九3　普通の穴　←普通に戸の穴

三冊目の感想集『飯倉だより』初出の特徴はまず、婦人雑誌が多いことである[4]（48篇中11篇）。大正期は、女性読者層の拡大によって婦人雑誌が発行部数を大幅に増大させ、ここに多くの作家達が通俗長編を執筆したが、藤村は「感想」を書くことが多かったのである。

知人の著書への序文（4篇）や、羽仁もと子の『婦人之友』（8篇）、山本鼎の『芸術自由教育』（3篇）、太田水穂の歌誌『潮音』（3篇）、山崎斌の『旅行と文芸』、西村辰五郎の『短歌雑誌』（各1篇）等、知人の雑誌への寄稿によって、掲載誌等の分野が広がったことも、特徴といえる。

掲載誌は感想集の内容にも影響を与えている。たとえば『婦人公論』（大11・1）が「吾々の行くべき道」についての暗示を得るために諸名家に問うた「貴下は今後の婦人に何を期待し給ふか？」に対する回答の一つが、藤村の「涙の力に」であった。この応答が「婦人の眼ざめ」（初出『早稲田文学』大11・3）の「今の時代を暖めるものは、誠意ある婦人の涙ではなからうか」を導いたと考えられるのである。

校異では、「胸を開け」の初出にあった「私達」は「二葉亭と透谷」に続こうという部分が、「窓をあけ放て、／自由な空気をそゝぎ入れよ」というロマン・ロランの言葉に置き換わったことが注目される（一四4）。この言葉は、婦人に「言つてやりたい」（「婦人の眼ざめ」一〇四18初出）と書かれていた言葉であり、『処女地』創刊号のエピグラムにも用いられた。婦人への言葉が「私達」への言葉になったのである。先の『婦人公論』の問いに見られる、婦人に関する当時の先進的な考えを、藤村は共有していた。『飯倉だより』は、藤村が婦人雑誌『処女地』（大11・4～大12・1）を発刊中に刊行されたことも考え合わされよう。

また、『飯倉だより』はほぼ大正八年以降発表の作品を収めるとされてきたが、より早い時期の作品を含む。たとえば「三人の訪問者」の初出の一つ「冬」（『潮音』大6・1）は、実は「新しい愛の世界が岸本の前に展けかゝつて来た」という『新生』後篇五十八章に、全文がほぼそのまま引用されている。つまり、『飯倉だより』は『新生』後篇の作中時間と重なる作品を含むのである。もう一つの初

出『開拓者』(大8・1)に書かれていた、「死」の姿が「恐ろしいほど美しい」(九11)が削除されたことも注目される。

『飯倉だより』扉には、ルソー『エミール』第四篇「サヴォワの助任司祭の信仰告白」の原文が掲げられている。この冒頭文が『新生』で岸本が懺悔公表を思い始める時の「よく自分の心に聞いて見なければ成らなかつた」(後篇九十四)に近いことはすでに指摘がある。[5] これらを含めて『飯倉だより』と『新生』の関係を再考することもできる。

『飯倉だより』における〈広く深い視野〉は、藤村自身の体験だけでなく、掲載誌の広がりや、初出掲載時期の長さによっても、もたらされていたのである。

注

(1) 拙稿「『藤村全集』感想集、童話集の初出」(『島崎藤村研究』二〇一二年九月)で初出を明らかにしたものを含む。

(2) 参考の為《 》内に、古学庵仏兮・幻窓湖中共編『芭蕉一葉集』(勝峰晋風校訂　紅玉堂書店　一九二五年九月)本文を付す。藤村は「湖十」と書いているが、芭蕉の最初の全集『俳諧一葉集』(一八二七年)の編者は「湖中」。其角門下に「湖十」が居る。

(3) クロポトキン著馬場孤蝶[ほか]訳(アルス　一九二〇年六月)の題名は『露西亜文学の現実と理想』。

(4) 一、二冊目の感想集『新片町より』『後の新片町より』は、初出の多くが『中学世界』『文章世界』であり、若い文学愛好家達に向けて書かれていた(拙稿「藤村『新片町より』の成立と読者」『神戸女子大学紀要』二〇一八年三月、「『後の新片町より』における藤村の初期随筆の確立」『神女大国文』二〇一九年三月)。婦人雑誌については、前田愛『近代読者の成立』(有精堂　一九七三年一一月)等、参照。

(5) 今野一雄「藤村とルソー」(『一橋論叢』一九六七年二月)。

[付記]　校異の作成については、京都女子大学非常勤講師・浅井航洋氏の協力を得た。

(神戸女子大学教授)

『夜明け前』が描く日本の特殊な「近代」
――街道人のナショナリズムと「王政復古」――

井村　俊義

はじめに

いわゆる「世界史」を牽引する西洋文明と対峙して、自らの文化や文明を守ろうとしてきた非西洋圏の人々は少なくない。多くの者はのちに「先住民」や「マイノリティ」などと呼ばれることになる人々である。結果的に、完膚なきまでに叩きのめされたか、シンクレティズムの妥協のもとで生き延びたかの違いはあっても、彼らは自らの伝統が「何であるかを理解し信じていた」。そして、それを頑なに守り続けることができた。もしそのときに可能ならば、相手の長所を先に盗み取ることによって決定的な壊滅を防ぐ方法もあったかもしれない。たとえば、産業革命が興ったイギリスでさえも、当時の覇権国家であったスペインの脅威に対抗する方策として近代化を進めたという側面がある。では、日本はどのような選択を行ったのか。自らの文明を信じて対決したのか、あるいは、西洋の文明を部分的にいち早く取り入れて「本来の日本」を守ったのか。それとも「日本」をそれほど自覚することなしに生き延びることだけに執着したのか。一般に「西洋の衝撃」と呼ばれるこのような一連の問題の一端を、島崎藤村の歴史小説『夜明け前』を通して考察した。

一　「空間」の相対化が促した近代とナショナリズム

木曽街道の「馬籠宿」をおもな舞台とし、島崎藤村の父をモデルとした「青山半蔵」を中心にして語られる『夜明け前』は「階級」「ジェンダー」「戦争」「宗教」「自然」

「地域性」「共同体」「自我」「文体」「神話」「血統」などの多様な視点からこれまで論じられてきた。文学研究において論じられる多くの論点がこの作品には含まれている。それほどまでに射程の広い作品である『夜明け前』はまた、個々の論点の枠組みには収まりきらないメタレベルの「何か大きなもの」を提示していると私には感じられる。この国のもっと根源にある基本的条件や精神的束縛、あるいは「エピステーメー」を露呈させる何かである。

　そのような印象をもたらす要因としてまず、特徴的な「空間」設定がある。政治の中心から遠く離れた山の中に馬籠宿はおかれつつも、中山道という「人と物と情報」の通り道の上にそれはおかれ、そこにおいて時代は移り変わってゆく。歴史を叙述する際に採用されがちな政治的中心地である都市でもなく、私的で狭い共同体の閉ざされた社会でもない土地は、各々の論点を「相対化」することを可能にしている。つまり、街道を通る「人と物と情報」は空間や時間の比較を通して客観化されるのである。

　国文学者の早坂禮吾による「街道人の系譜」のような先駆的な論文をはじめとして『夜明け前』は「街道の文芸」であるとしばしば評されてきたが、加えて私は「街道」のもつこのような「相対化」が果たした役割に着目したい。たとえば「江戸で聞くより数日も早い京都の便りが馬籠に届き、江戸の便りはまた京都にあるより数日も先に馬籠にいて知ることが出来る」（三九：第一部（下））と描写される場所では、情報はつねに「ずれ」をともなって訪れる。それによって、江戸と京都の便りは相対化され、静態的だった時間は動き出し、人々に考える空隙を与える。「長崎へ着いたというその唐人船が、亜米利加の船ではなくて、他の異国の船だという噂もあるが、それさえこの山の中では判然しなかった」（四五：第一部（上））というなかば曖昧模糊とした状況のなかで、人々は手探りで模索し深く思考することになる。その過程で身近にあった「近隣の山」が果たしていた民俗学的な異界の役割は「異国の船」にとって代わられる。

　異界について考察した、本居宣長の「もののあわれ」研究で著名な百川敬仁は、前近代的な共同体を支えていたものは、直線的な時間の流れをともなわない反復する物語と「異界」と捉えていた。百川は異界について次のように説明しているが、これは『夜明け前』においてもあてはまる。

> 　江戸期には大衆の生活の次元で民俗的想像力の伝統にもとづいて、都市にも村にも小規模な空間的異界が「川向こう」や「近隣の山」といったかたちで存続し

ていたのだが、そうした大衆の共同心性をすくい上げ思想化しようとする試みは篤胤などを別として一般的には見当たらず、都市化が進行する過程で異界が内面化・時間化した（一九七）

街道の人々は、産業革命を本格的に経験する都市に先駆けて、情報を総合的に感じ取り、西洋という鏡を意識し、そして、時間は前へと動き出した。『夜明け前』が近代への「過渡期の空気」（三三四：第二部（下））を醸し出す原因のひとつであろう。それはまた、ある意味、大陸や西洋から離れた島国である日本の置かれた立ち位置を凝縮した形で体現していると言える。中津川の平田門人を生んだ心理的メカニズムは、その後の日本のナショナリズム形成になぞらえることができるかもしれない。

日本人は古来、海外からの情報や文物を海を越えて輸入しながら自らの文化や精神を発展させてきたが、そのため、行きつ戻りつしながら一から何かを創り出すというよりは、偶然のように目の前に並べられたものから取捨選択することが多かった。そのような行為は「近代化」を急ぐあまり、往々にして十分な熟慮と考察に欠けたまま知識とモノを性急に取り入れる傾向をもち、しかし、ある閾値に達するとそこに感情がなだれ込むことになる。その結果、場合によっては極端な行動へとつながることさえある。その感情をともなった激しさは民族としてのエネルギーを生むと同時に「危うい選択肢」をとる可能性を秘めている。なかでも『夜明け前』第一部の白眉とも言える武田耕雲斎をはじめとする水戸浪士を描く藤村の筆致は、その描写の長さとともに格別の思いが込められている。

「東山道にある木曽十一宿の位置は、江戸と京都のおよそ中央」（三九：第一部（下））にあり、日光勅使例幣使から岩倉具視、井伊直弼、皇女和宮、皇上（明治天皇）、吉田松陰、新撰組などさまざまな人々が往来し、街道の人々はそのたびに翻弄されるが、水戸の天狗党は、私が日本人による「危うい選択肢」と述べた例のひとつである。激烈な思想を信奉する伊那の国学者たちは同士として彼らを歓待した。水戸で挙兵し、尊皇攘夷の思いに動かされながらいくつもの戦いを乗り越え、越前の新保までたどり着き、頼みにしていた慶喜に裏切られ、三五二人が斬首される結果となった「悲劇」の主人公たちを、である。批評家の小林秀雄は「明治維新の歴史は、普通の人間なら涙なくして読む事は決して出来ないていのものだ」（二〇六）と述べ、主義や主張よりも人々の息づかいが聞こえるような人生の機微に触れることの大事さを強調していた。しかし、急速に移り変わる時代は、歴史の登場人物とそれに触れる人々にそのような余裕を与えなかった。街道人は相対化を通して近代への息吹を誰よりも早く感じ、外国船の来航は西洋に対抗するような日本的なナショナリズムを加速したのである。

二　歴史叙述における詩から表現されるもの

水戸藩の進んだ道を「危うい選択肢」などと客観視してしまうのは後世の人間の傲慢であろうか。藤村はというと、現代の視点を過去に当てはめるのではなく、過去に生きる人々の視点に立とうとする。父の正樹を振り返る文章「回顧」のなかで「過去こそ真実である（中略）しかしながら、いかにして過去を探り求むべきか」（二三七：文明論集）と書いている。本文においても「過去こそ真（まこと）だ」（三三七：第二部（下））という言葉がある。「悲劇」と感じているのは読者のひとりである私であって、過去をどのように現代に生き返らせるかを思考する藤村その人は、ただ淡々と「事実」を連ねるだけである。現代に生きる人々の感情を一方的に過去に投影してはいない。

たとえば、天狗党の事件を描いた作家の吉村昭は、その著書『天狗争乱』で次のような描写を用いている。「尊皇攘夷の思想を信奉する者も反対する者も、思想からはなれて、釈明の機会を一切あたえずに大量処刑した幕府の残虐さに、その政治態勢があきらかに末期にあるのを強く感じたのである」（六二六）。このように、吉村は俯瞰する立ち位置から作者の感情と説明を文章に含めたのに対して、藤村は資料から事実だと確信する状況を書き連ね、そして「天もまさに寒かった」（一六三：第一部（下））と書くのみである。『夜明け前』の感情を極力排した冷静な文体から、読者は物足りなく置き去りにされたような気持ちになるが、「歴史」において登場人物は同情したり反発したりするために存在しているわけではない。藤村はただ民衆たちの口から「われわれは平田篤胤の門人であり、水戸の諸君に同情している」（第一部　第十章）と語らせ、また「少年の頃から水戸の学問にひかれ、あの藤田東湖の「正気の歌」などを暗誦した」（第一部　第十章）と記述した。俯瞰する立ち位置とは反対の「下からの」視線に徹している。

とはいえ、言うまでもなく、作者はなんの感懐もなしにこの部分を書いたわけではない。御一新を動かす最大のファクターである水戸藩の人材と思想が戊辰戦争後にほぼ壊滅したことを、私たちは藤村とともにすでに知っている。そのような「人間のあり方」に作者は心を深く動かされていたことは間違いない。それは、歴史に翻弄される人間たちの「はかなさ」であり、人は自らの高邁な意志とは反対に堕ちていく存在であるという「無力さ」にあると私には思われる。小説のなかで三度登場する台詞の「一切は神の心であろうでござる」としか語れない歴史のことである。

米国の歴史家であるヘイドン・ホワイトは歴史叙述における「悲劇」について次のように述べている。

> どの歴史的な出来事も本質的に悲劇的であるわけではない。それは、或る特別の観点から、あるいは、それがそれらのなかでも特権的な場所を占める要素をなしている或るひとつの構造化された出来事の集合の内部から、そのようなものとしてとらえられうるということであるにすぎない（五二）

であるからこそ、歴史叙述と小説の境界線は重要な論点となり「歴史」をどのように記述するべきかという問いを『夜明け前』は投げかけていることがわかる。ホワイトの言葉をさらに引用するならば「歴史叙述のようなナラティヴ形式について議論するさいには詩的言述と散文的言述のあいだに慣例的に引かれてきた区別を修正し、歴史と詩のあいだのアリストテレス以来の古くからの区別は双方を照らし出すと同時に不分明にもすることを認める必要がある」（七六）。『夜明け前』は「歴史」に詩を持ち込むことに成功しているであろうか。私たちは実際に起こった出来事（歴史）のなかへと青山半蔵の身体を借りて入り込み、私たちもまた経験したかもしれない「詩」を生きようとする。詩とは、在りえたかもしれないものを表現する方法だからである。

しかし、最後に座敷牢で狂死する青山半蔵は、文芸評論家の篠田一士が述べるように「一度として主動者でありえたことはなかった」（二六一）。それは私たちを含め、歴史書に名前を残すことのない大半の民衆も同じである。「私たち」は歴史を自ら動かす主動者でなかったばかりか、選択肢として目の前に提示された「思想的態度」さえもが、私たち自身の創り出したものではなかった。尊皇攘夷、公武合体、公議政体、開国派、倒幕派、佐幕派などの思想は、先人達が自力で到達した枠組みのように見えて、後期水戸学が外国船の影を脅威と感ずるなかで形成されたのと同じように、およそ「内発的」なものとは言えない。西洋からやってくる「完成品」を見せられての憧憬と拒絶のなかで敵に対処するための一時的な態度である。中世や近世を経ずに、近代を足早に駆け抜けた日本が抱えてしまったこのような「歪み」については、すでに夏目漱石ら前近代と近代のはざまで思考した知識人たちによって多く語られている。しかし、この作品には漱石の「自己本位」(一一五)になりきれずに堕ちていくしかなかった人々が多数描かれている。詩をも含む小説でしか語れない独自の歴史叙述、つまり、西洋が持ち込んだレトリックや概念、感情やパースペクティヴなどを使わずに、藤村は人間の「はかなさ」と「無力さ」を描き出そうとした。「一切は神の心であろうでござる」の内実はもはや近代以降の言葉では表すことはできず、それを読者に伝えるためには叙述のスタイル自体にもまた意識的になる必要があったのである。

三　日本のナショナリズムの二重性と王政復古

時間は未来に向かって動き出し、外部に異国船を発見したことで、人々は異界を内面化した、と述べた。異国船を鏡とするナショナリズムは必然的に外国を一面化し、無徴化し、それを思考する際の基準にしてしまった面がある。したがって、私たちは「日本人の愛国心」と言葉にするときでさえ、西洋的な(あるいは、大陸的な)何かをもとにして語るという隘路に陥っている。哲学者の長谷川三千子はそのことを本居宣長の「漢意(からごころ)」という概念を用いて「我々が我々自身を失ってゆくその機構」(一二三)と説明した。目指すべき目標のなかにすでに西洋の要素が組み込まれている。日本の外発的なナショナリズムでは、自らが培ってきた伝統はただの飾りにしかならない。藤村自身もまた入れ子細工のような日本人の思想について語っている。「吾儕は根本において東洋的であって、支那とか、印度とかの古い文明を受け継いで、根ざすところが遠く深いのであるから、例えば新旧思想の衝突などと言ってもよほど西洋とは趣を異にしている」(一七八：文明論集)。半蔵たちが信奉していた平田国学もまた、歴史家の宮地正人によれば「平田国学自体も、漢心と大和心を対比してとらえる立場を取ってはいなかった。平田篤胤自身が、自分の教授学問の中に、玄学、即ち中国の老子・荘子の思想と道教を入れている」(六)と、篤胤の国学がすでに「漢意」の影響を受けていることを指摘している。藤村が作中何度も「平田篤胤歿後の門人」と言及しているところに「国学」を時代を超えて受け入れることの難しさが表現されているのではないか。ただ言えることは「王政復古」という言葉に込められた意味は、外発的な愛国心でもナショナリズムでもなく「一切は神の心であろうでござる」の「神」に体現されるような、西洋の言葉を用いる必要のない「ナショナリズム」である。半蔵が手を伸ばしてもたどり着けなかった無念さは、私たちもかつて共有していたものである。

さらに、内発的ではない動機から西洋の作った商品を手にしようとする日本人のあり方は、ナショナリズムはおろかグローバリズムをも捉え損ねる。グローバリズムとは結局、時代時代における覇権国家が提示する流行なのであり、一時的なものである。しかし、批判的に外来の思想を取り入れることがなく、また、自分たちに都合のいい部分だけを切りとる姿勢からは、誰かが唱えたグローバリズムを疑うこともなく、もともと「そのようなもの」であるとして受容してしまう。長谷川はこれについても、次のように述べている。

「これは人類普遍の原理である」といふ言ひ方は、或る一つの文化が他の文化に、自分達のものの見方を押しつけようとするときの決り文句であるが、それを日本人達は疑はぬばかりか、自らの言葉として繰り返してゐる（二八）

その根底にある考え方は西洋と日本の彼我における等質性を信じてやまない心の持ちようである。もちろん、そのようなことはあり得ない。私たちはただ自らの異質性と向き合おうとしなかっただけである。それはなぜか。純粋に、西洋は私たちの未来だと信じていたのはなぜか。「西洋に思想があったなら日本にも思想があるべきだという対称性と平等への要請に支配されたかたちで発想されてくる」（四七）と歴史学者の酒井直樹は書き、それを「模倣性の欲望」（四七）とした。藤村もまた『夜明け前』のなかで「仮装も国家のため、舞踏も国家のため、夜会も国家のため、その他あらゆる文明開化の模倣もまた国家のためであると言われた」（三三一：第二部（下））と綴っている。この「仮装」や「舞踏」や「夜会」を模倣する「国家」とはいったい何か、と問うことは重要である。植民地時代の各地において見られたような、他者と出会うことによってかならず生じてしまう「模倣」に自覚的になり、それを忌避することが「王政復古」につながると半蔵は信じていたはずだからである。続けて「この気運に促されて、多くの気の鋭いものは駆け足しても欧羅巴に追い付かねばならなかった。あわれな世ではある、と半蔵は考えた」（三三一：第二部（下））。半蔵は表面的な模倣に汲々とする国家を見て「あわれな世」と嘆いている。私たちはいまでもその「あわれな世」の延長線上にいることは言うまでもない。「あわれ」であるとは思わなくなっただけである。

それらの当然の帰結として、自国にあるものが外国からの輸入品であるにとどまらず、自国にある「伝統的なもの」だと認識していたものの価値さえもが外国によって評価される。言葉や概念が借り物ならば、もともと所有していたものの価値を判断する眼を失い、判断基準さえもが収奪される。「幾世紀をかけて積み上げ積み上げした自国にある物はすべて価値なき物とされ、かえってこの国にもすぐれた物のあることを外国人より教えられるような世の中になって来た（三二九：第二部（下））」と、藤村は正しく理解して記している。

西洋から輸入したナショナリズム概念は、西洋を鏡として作り上げた借り物の器に入れた感情を表すものではない。そこには越えられない大きな径庭がある。そのことを自覚することによって「王政復古」へと続く道が生まれる。この困難で錯綜した状況のなかでは「人々は進歩を孕んだ昨日の保守に疲れ、保守を孕んだ昨日の進歩にも疲れた」（第二部　終の章）という状況になり、これもまた私たちは同じことを繰り返している。「神」や「王政復古」とはじつは何なのか、それを考えていくことこそが、私たちに残された課題であろう。

おわりに

「御一新がこんなことでいいのか」と半蔵が嘆息したあと、日本にも本格的に産業革命の時代が訪れた。産業革命による技術革新は、交通手段や通信機器を発達させて人々を都会へと移動するよう促し、それによって土地に根づいた伝統は薄まり、世界は均質化されていった。そのような流れを一般に「近代化」と呼ぶが、ドイツの社会学者であるマックス・ウェーバーはその特徴を「合理化」や「脱呪術化」（一九一）と概念化した。前近代において影響力をもった魔術や呪術から人々は解放されることで、因果的メカニズムを通して世界を理解するようになったのである。理性では理解不能な呪術を盲信することはなくなり、あらゆる事象は説明可能となった。近代化を通して異界は姿を消し、時間は円環から直線となった。また、土着的な異界の崩壊と合理化・脱呪術化は同時に、ナショナリズムの成立を促した、と米国の政治学者であるベネディクト・アンダーソンは、ナショナリズム論で名高い『想像の共同体』の冒頭で述べている。ナショナリズムの成立には非合理的なものや呪術的なものが介在しない「均質で空虚な空間」（ヴァルター・ベンヤミン）を必要としたからである。さて、このような論理で私たちは「近代」や「ナショナリズム」を理解する道筋を示されてきた。何を語っても西洋の掌から飛び降りることができない状況のなかで『夜明け前』を西洋の論理で語るという自己矛盾を演じたのかもしれない。その矛盾を突破するための手がかりはやはり『夜明け前』のなかにある。この作品を読むことを通して、西洋を体験した私たちの借り物の近代ではもはや王政復古への道は閉ざされていると半蔵とともに感じ、彼と同種の絶望のなかであきらめるか、反対に、信じた道を突き進むのか。それとも、そのようなことすらも理解できない場所に追い込まれて（逃げ込んで）『夜明け前』をどこか他の異民族が書いた歴史小説として客観的に鑑賞するのか、その岐路に私たちはいまでも立たされ続けているのである。

参考文献

・小林秀雄『小林秀雄作品集13』新潮社、二〇〇三年。
・酒井直樹『日本思想という問題――翻訳と主体』岩波書店、一九九七年。
・篠田一士『傳統と文學』筑摩書房、一九八六年。
・島崎藤村『夜明け前（全四巻）』岩波文庫、一九六九年。
・島崎藤村『藤村文明論集』十川信介編、岩波文庫、一九八八年。
・夏目漱石『漱石文明論集』三好行雄編、岩波文庫、一九八六年。
・長谷川三千子『からごころ――日本精神の逆説』中公文庫、二〇一四年。
・早坂禮吾『『夜明け前』の世界』国書刊行会、一九七三年。
・宮地正人「歴史のなかの『夜明け前』」（「街道の歴史と文化」第十四号、中仙道中津川歴史文化研究会、二〇〇九年）。
・吉村昭『天狗争乱』新潮文庫、一九九七年。
・ヘイドン・ホワイト『歴史の喩法』上村忠男編訳、作品社、二〇一七年。
・ヴァルター・ベンヤミン『ボードレール他五篇』野村修編訳、岩波文庫、一九九四年。
・ベネディクト・アンダーソン『定本　想像の共同体――ナショナリズムの流行と起源』白石隆・白石さや訳、書肆工芸早山、二〇〇七年。
・マックス・ウェーバー『職業としての政治・職業としての学問』中山元訳、二〇〇九年。

（長野県看護大学准教授）

書評

目野由希著『日本ペン倶楽部と戦争　戦前期日本ペン倶楽部の研究』

宇野　憲治

目次を開いただけで、圧倒されてしまう。また、入念に資料を探し求めたものだと感心もする。概要を知るためもあるので、長くなるが目次を掲げておく。

といった具合である。目次をみるだけでも本当に驚かされる。特に戦前の資料はどのようにして収集されたのか、まして戦前の外国の文献はどのようにして入手されたのか、本当に頭の下がる思いがする。

大部なこともあり、また、研究誌の性格と紙面の都合もあるので、ここでは「島崎藤村」に関する項目のみ、「南米の島崎藤村―初代日本ペン倶楽部会長と国家主義／超国家主義／国際協調主義」と「島崎藤村文学賞という悪夢」の二項目について触れる。

島崎藤村は、日本ペン倶楽部の初代会長としてアルゼンチン・ブエノスアイレスでの第一四回国際ペンクラブ大会に出席している。その間の事情については、紀行文集『巡礼』（昭15・2・15）に詳しい。昭和十一年九月二十日神戸港を発ち、翌十二年一月二十三日神戸港へ帰着する百二十六日に及ぶ大旅行記である。その旅行中、南米への日本人移民者たちに、日本の文化について、日本語教育の必要性について各所で講演を行っている。外務省やＫＢＳの後援を受けて海外渡航している以上、国策に協力していることになる。

目野氏は「最晩年の藤村を、国策、ことに超国家主義に加担した作家と批判することもできる。だが実際には、晩年の藤村の行動様式こそ、戦後の文化人による対外文化政策への関与の原型となっている。彼のように、官公庁とともに日本文化を発信し、日本ペン倶楽部で発言した作家が、近代的で知的な日本の作家の現在の姿を準備した点は否定できない。」とやや肯定的評価を下している。しかし、アルゼンチン・ブラジルを始めとする一連の旅行は、紛れもなく国策に乗じたものであり、全面的に肯定しているわけではない。この様に考えてくると、今までタブーとしてあまり触れようとしなかった、戦時下の藤村に直接的にメスを入れ、藤村の、戦時下における一連の行動を詳細に明らかにしたのは、目野氏の功績である。

また、「海外における日本語教育と、その実践としての児童文学への情熱は、藤村の没年まで続く。南米の日本移民たちから藤村が受けた印象は、よほど強かったのだろう。その結果、明治時代の詩人としての藤村は、昭和期に不思議な再生を経験する。坪井秀人によると、大東亜戦争中に放送された詩の朗読では、作品で選ぶと、藤村の「常盤樹」が最多という。」・「一九〇〇年『新小説』初出の、同じ藤村の「椰子の実」が、一九三六年に大中寅二作曲で国民歌謡となって流行する。「椰子の実」の特徴上、放送の背後に詩人官僚による国策的配慮があったとも考えにくい。」としながらも、「「常盤樹」と「椰子の実」のどちらも、遠方に想像される、いずこともしれぬ南国が背景にある。当時でいえば南方進出を髣髴させる戦時下のファンタジーといえなくもない。」としている。

「さらに、日本語教育の実践としての児童文学への想いが、藤村を駆り立てる。その結果、児童文学者としての藤村作品が流行し始めるのだ。晩年の、ベストセラー児童文学者としての藤村。彼の児童文学への意識の高まりは、一九四〇年刊行開始の「藤村童話叢書」中の『力餅』、『幼きものに』、『ふるさと』等の記述から確認できる」とある。戦時下の藤村について、私もうっすらとは感じていたが、このような事実を突きつけられると、いろいろ考えさせられてしまう。

また、幻の「島崎藤村文学賞」についても言及している。あまり世に知られていない事実である。

「当時の外務省情報局の創設者で情報局局長、天羽英二だ。その機関誌『文学報国』創刊号には、天羽も寄稿した。やがて彼らは大東亜文学者会議も手配し、藤村は文壇の重鎮として関与する。日本文学報国会は、外務省情報局が運営資金を賄った。記事の寄稿者にも情報局職員が多い。創設から資金から執筆と、何から何まで外務省情報局だ。これは、ほぼ外務省の広報誌だろう。もちろん、外務省に広報があって悪いわけはなく、外務省広報そのものは悪ではない。この『文学報国』中に、あっと驚く記事がある。大東亜文学者大会参列者のうち、中国人文学者が、国際的な文学賞としての「島崎藤村文学賞」を設立するよう、提言する記事が掲載されているのだ。」「実際には、その後も島崎藤村文学賞は制定されなかった。」とある。藤村がどこまで国策を意識していたかは別として、戦後の私たちの視点から藤村を顧みたとき、藤村は実に危うい立場に居たのだということを、説得力を持って読者に問いかける好論文であった。最後にもう一度繰り返すが、時間と労力をかけて上梓した、研究史に残る好著であると私は思う。

（二〇一九年二月二五日、鼎書房、四五〇〇円＋税）

（比治山大学名誉教授）

研究消息（二〇一八年一月〜二〇一九年三月）

雑誌・新聞・紀要等

成澤榮壽「島崎藤村『破戒』の分析と実証」（『民主文学』678号日本民主主義文学会編　二〇一八・一）

本稿は、『民主文学』「特集　明治百五十年」の企画の一つとして執筆された論考である。民主主義文学の一環から『破戒』を精緻に分析批評している。特にその社会的側面との対応があげられる。順を追って紹介すれば瀬川丑松の同僚の代用教員風間敬之進の動向について、「士族の滅亡」のテーマから論及されている。そこに見られるのは『罪と罰』のヒロインの父の姿である。また風間の後妻の農作業の場における年貢納入の光景の歴史的意義を追求し、そこに浅井忠の「収穫」の場面を連想させるとし、その前提として、義塾のために奔走する「小使」の半田辰太郎の小作人生活を『千曲川のスケッチ』で参考にした事実から、藤村は半田の父から地主に対する小作人達の抵抗を聞き取っていた事実を論証する。また著名な「天長節」の式典の場面が一八九一年に設定された事実を論証していく。それは何よりも内村鑑三の不敬事件が起きた時点であった。ここから筆者は『破戒』における教育界の欺瞞を暴く表現への論証に歩を進めていく。

また、蓮華寺住職の好色問題から当時の女性達の労苦・悲哀についても論じられる。ここでも蓮華寺の「奥様」がひたすら夫の放縦な性生活に耐え忍ぶ場面は、先の風間の家族の問題に重ねられ、こうした日常の犠牲を「男権」的支配の構造の元で受け入れさせられる女性登場人物の悲劇が問われていく。そしてそれらは最終的に作品の持つ「部落問題解決」への展望として論じ進める。まず「土下座」という身体行為の問題を論じ、「なぜ丑松は跪いたか」を問う。そしてこの行為が、ひいては教室の生徒達と土屋銀之助の意識改革に連動していくと論ずる。それは丑松の米国行きを敗北論とする認識の誤りを修正する形でまとめられていく。すなわち米国行きは単なる空想ではなく、当時の片山潜をはじめとした移民集団における日本力行会の動向などがあり、片山や福沢の米国移民論は、当時にあっては極めて「常識的発想」であり、これが大日向の米作テキサス農業移民の実際に反映しているとする。片山の移民論も当時『東洋経済新報』などに掲載されていたもので、これが生徒達を感化する可能性は高い。ここに筆者の「部落改善運動」の一つの具体的な展望が見られるという結論になる。筆者はこうした「民主文学」の視点から『破戒』ほかの作品を多く論及しており、本稿はその一端を示すものである。

猪木武徳「島崎藤村『夜明け前』と明治維新」（『日本工業倶楽部木曜講演会発表要旨』1507、二〇一八・二）

本稿は、講演会の発表要旨に手を加えた論考で、猪木氏は著名な経済史家・政治批評家である。この報告も「明治百五十年」を視野に入れたものであろうことが分かる。まず『夜明け前』を、開港から約二十年を前後する時間の社会変動を視野に入れた巨大な「歴史文学」とする。また明治維新を、再考の必要のある事象と捉え、その経済的変化のありようは既成の「ブルジョア革命」の史観からはまったく捉えられないとするあたりは、氏の長年の経済認識が反映された問題提起と言える。すなわち明治維新は従来の西欧型のコンセプトでは説明できないものであり、それは「革命」の他にも「復古」、「改革」などの言葉で捉えられ、一定の適切な用語すら失効する問題であったとする。そこで浮上するのが『夜明け前』である。なによりもそれは文学であると同時に大きな「歴史資料」として価値を持つ。『大黒屋日記』をベースとしたその記述は、徳川家茂の上洛の記述一つとっても、その中に巧に助郷制度の桎梏を溶け込ませているとする。

さらに注意すべきは、大都市をその舞台としていない点である。妻籠・馬籠・中津川、そして伊那や飯田といった街道が舞台となり、そこを中心に国学者が動き、入念な経済描写が織り込まれている。江戸時代、日本は世界にさきがけて精緻な全国人口調査を実施した。そこから明らかになるのは地域格差である。そして明治維新の推進者はおおむね経済的には富裕な層であったとする。地域問題と平田国学には、ある連動性があるのである。あるいは幕末への財政赤字やそれと連動した通貨の改悪は、現代の日本を含めた世界情勢と呼応している。そこで筆者は三人の人物、暮田正香、宮川寛斎、松雲和尚をとりあげ、ともに王政復古になんらかの夢を抱き、それに裏切られていく存在であるとする。青山半蔵を含めたこうした人物に共有するナショナリズムは、現代に通じるものを含んでいるとしている。

塚田英博「島崎藤村「分配」再評価—ラスキンの格言配置の意味」（『英米文化』英米文化学会編48号二〇一八）

本稿は、従来、藤村に於けるラスキン受容が、その若き時代、雑誌『文学界』における、特に『近代画家論』

を軸とした自然描写を中心としたものであった事実を読み替える試みと言える。初期藤村において、それは物を見る「視座」の問題として重要であったが、次第にその名は消えていく。それが再び現れるのが昭和二年前後であるという。作品「分配」は、妻を亡くした男やもめの主人公が四人の子供を育てていくストーリーだが、ここにラスキンの様々な格言が現れる。ラスキンは人々が本来あるべき姿を取り戻すべく、独自の経済思想を主張した。さらに生命原理をその経済活動の基本に据えた。ここに当時の藤村と交歓する要素が生まれたのではないか。またラスキンは独自の教育思想も持っていた。『胡麻と百合』などの著作にそれはよく示されているが、読書論から文学の普及へ及び、女子教育観も持っていた。さらにはその経済思想は、人間らしさを回復することを主眼として産業革命期の画一的な労働認識と厳しく対峙し、そのためには敢えてトップダウン型の教育思想の必要性も説いたのである。こうした社会思想家ラスキンの教育理念は、晩年の藤村の育児思想、女性観にも影響を与えるものであったとする。なによりもそうした「生命」観が、対子供への形をとって示される作品「分配」や「嵐」における、ラスキンの様々な格言の位置づけに如実に表れているとする。それはラスキンの生命第一主義が藤村のこの時代に於ける根幹的思想とも呼応していたことによる。まさにそうした意識の中で「子育て」に取り組んだ作品こそが「分配」であり、そのラスキンの格言配置の中に、初期の自然描写に留まらない可能性が示唆されていると結んでいる。

伊狩　弘「島崎藤村と函館　—『津軽海峡』を中心に、藤村らしい一つの予定調和」（『宮城学院女子大学大学院人文学会誌』19　二〇一八・三）

『津軽海峡』（『新小説』明治37・12）は、藤村操の華厳の瀧自殺事件を下敷きとして、その両親が息子の弔いのために巡礼者となって、ロシアとの緊迫下の「津軽海峡」を渡る話である。その船上で、息子と瓜二つの青年に逢うというものである。藤村自身も、明治三十七年七月に『破戒』出版費用を借りるために「津軽海峡」を渡り、妻冬子の実家、函館の秦家に行ったことはよく知られている。藤村三十三歳という若さであり、小諸義塾に赴任して六年目の夏を迎えた頃であった。その函館行きが、その年の十二月の『津軽海峡』という小品となったわけである。『津軽海峡』には、藤村らしき人物は登場しない。それとなく匂わせる人物として、最後に名を名のる「西川廉太郎」を挙げても良いかもしれない。藤村は、名前からして「藤村操」に通うものがある。

青函連絡船の歴史は遭難の歴史でもある。伊狩氏は「青函連絡船の遭難の歴史」を辿るとともに、藤村が津軽海峡を渡った頃の、ロシアと日本の緊張関係、ひいてはロシア浦塩艦隊の津軽海峡への出没状況を入念に調べ上げ、短編小説『津軽海峡』の背景として、藤村がロシア浦塩艦隊の出現を使用していることを実証している。

また、妻冬子の実家秦家が函館であったことも手伝って、「函館」にこだわり、函館に関係した主要な人物たちを、特に『夜明け前』の喜多村瑞見のモデルとなった栗本鋤雲について、伊狩氏は多くの紙面を割いてその人となりや藤村との関わりを詳述している。明治三十七年の時点で、藤村は栗本鋤雲についてどれほどの見識があったかは定かでないが、その後の、栗本鋤雲との関わりからすれば、「函館」を抜きにして栗本鋤雲は語れないであろう。

本稿の最終的な結論として、「『津軽海峡』は短篇で、『破戒』自費出版金策のための函館旅行をアレンジした副産物的な小説と見做されているが、藤村文学を貫く死と再生的なテーマを藤村操の投身事件に絡めた小説と見撤すことが出来る。夫婦の巡礼の旅は遥かに、藤村のフランス行きと藤村静子のアルゼンチンペン倶楽部の旅という未来を先取りしたようなテーマであり、さらに栗本鋤雲の函館とフランス行きを日露戦争の地平に取り込むような視野を含みとして持った、藤村文学と近代史の接点を包み込んだ小説である。」と、その後の藤村作品を踏まえた予見的評価をしている。さらに、「哲学自殺の華厳の瀧を起点とし、巡礼の旅で新開地に向かう父母が津軽海峡船上で我が子の形代に出会い、さらにロシア浦塩艦隊に遭遇するという藤村の筋書きは、哲学という西洋的近代文化の普及と日光中禅寺湖から流れる下る華厳の瀧投身に見られる古い芝居じみた日本流儀—古めかしい修行者が繋がる、言わば近代と非近代が程よく調和している、藤村的予定調和とも言うもので、うまく出来すぎとも見られるけれども、行きつ戻りつしながら独自の近代を構成した日本の近代文学の精髄、それゆえにやや繊弱で厚みの無い人間と社会の理解状態を如実に露呈しているのではないだろうか。」と、この作品を形而上的に高く評価している。やや過大評価ではないかと思われる節もあるが、入念な考証を踏まえた論であるだけに説得力がある。大変興味深い論考であり、教えられるところが多かった。

岩谷泰之「島崎藤村「一夜」論―『家』との異同を視座として―」（『国文学試論』第二八号、大正大学大学院文学研究科、二〇一九・三）

本稿は、島崎藤村「一夜」を分析するにあたって、和田謹吾氏が言う「これはいうまでもなく藤村の姪高瀬田鶴をモデルにしたものであり、作中名などはすでに『家』のなかの作中名と全部一致している。そしてこれは『家』の下巻第六章に取り入れられている。」、瀬沼茂樹氏の言う「長短さまざまな短編小説十六篇―後の『藤村集』（明治四二・一二）におさまる短編小説は過半数までが『家』の部分画といってもよい作品群であった。」という発言に疑問を抱き、「一夜」を独立した作品とみなし、その作品の解読に力点を置いた論文である。

「一夜」と『家』下巻「六」の該当部分を比較・検討しながら、『家』において大きく削除された二つの箇所に注目して論を展開している。「一つ目は、電車が出居るうちに正太が下谷の警察署に向かう場面で、十七行程が削除され、『家』ではその部分に一行の空きが設けられている。」・「二つ目は、夜中の一時過ぎに三吉と正太が再び町へお仙を探しに行くという場面である。」とある。「一つ目」については、論文中ではあまり触れられていないが、「二つ目」については、かなりのページを割いて論究している。

そこでは、『家』では削除された「暗黒な光景」「暗黒な人生」という言葉に注目して、当時の世相を詳細に述べている。特に「浅草公園」の記述には興味をそそるものがある。その「浅草公園」の夜の藤村の描写「聴て公園の暗黒な光景が二人の眼前に展けた。観音堂の周囲は言ふに及ばず、そここの樹陰、軒下には一夜を震へ明かすやうな無宿者の群れがうぢや〳〵集まつて」に言及しつつ、浮浪者、穢多・非人について「浅草公園」の当時の状況を文献によりながら詳細に説明している。「一夜」は、『破戒』発表から間もない時期に書かれているだけに、下層階級や被差別階級に対する藤村の視点が明確に残っている作品だと主張している。また、「周知のように藤村は「一夜」から三年前に発表した『破戒』で穢多の血筋に苦悩する主人公を描いたことにより、小説家としての地位を確立した。そうした藤村の意識が、かつて浅草を拠点に存在した穢多頭・弾左衛門にまつわる問題への視線として、「一夜」に表わされているのではないだろうか。」とも結論づけている。

ところが、『家』では、「屋外で起こつた事を一切ぬきにして、すべてを屋内の光景にのみ限ろうとした」と藤村自身も述べている通り、つまり、「『家』は主人公の家族・親族にのみ焦点が当てられた作品であり、そこに関わりのないものはそぎ落とされているのであるだと考えられる。そのため「一夜」で描かれた、浅草公園を中心とした、かつての穢多・非人たちを取り巻く「暗黒」は削除されているのである。」と結んでいる。

確かに、藤村の長編には、それ以前に発表された短編小説を組み入れた作品が多い。短編小説を一括して、藤村の長編のための習作とする視点から脱却して、この「一夜」の論文が示唆するように、一つの完成された、藤村の問題意識の込められた作品として再読する必要があると、この論文を読みながら考えさせられた。

少し残念に思ったのは、主題である「お仙の失踪と家族の心配」「娘の性」についてもう少し詳しく触れてほしかった点である。「一夜」再読の機会を与えてくれたことに感謝する。

（比治山大学名誉教授　宇野憲治）
（徳島文理大学教授　中山弘明）

編集後記

■二〇一八年度の「島崎藤村学会　第四十五回全国大会　城崎大会」は九月二十九日(土)と三十日(日)に兵庫県豊岡市　豊岡市公民館を会場にして開催された。「島崎藤村文学における〈旅〉の意義—『山陰土産』の〈旅〉をめぐって—」と題して、研究発表・講演・シンポジュウムが実施された。研究発表は「『山陰土産』における『名家』と『素人』」と題して栗原　悠、講演は「島崎藤村—旅と人生—」と題して宇野憲治であった。昼食を挟んで、シンポジュウム「島崎藤村『山陰土産』の〈旅〉」と題して、司会・コーディネーター　村上文昭、発題者として、城崎温泉「ゆとうや旅館」社長　飯田由美・鳥取市小銭屋旅館女将　小谷悦子・「野村君」のお孫さん　野村剛・益田市大谷嘉助御孫娘　大谷智子の四人の、いずれも『山陰土産』に描出された人物の子孫の方々。平素は聞くことの出来ない実感の籠った身内ならではの貴重なお話をお聞きすることが出来た。二日目の臨地研究では、一日目のシンポジュウムを踏まえて、城崎の町の散策と藤村が訪ねた円山応挙ゆかりの大乗寺とを巡る予定だった。しかし、台風の接近に伴い、電車がストップするという、それも午前九時頃を最後に全線が止まるという不測の事態で、せっかく計画を立てていた臨地研究は、突然の中止となった。風はほとんどなく、まだ雨も降っておらず、参加予定の方々は、後ろ髪を引かれる思いで家路についた。村上文昭氏が入念に計画されていただけに、本当に残念であった。

■島崎藤村学会が発足してから四十六年、会長も伊東一夫会長・鈴木昭一会長・剣持武彦会長・高阪薫会長・神田重幸会長と交替し、本年(令和元年)四月から、細川正義会長となった。新体制の中で、私が『島崎藤村研究』の編集委員長に任命された。適任でないのはわかっていたが、新会長を少しでも助けるため引き受けることにした。編集委員長の仕事の一つは「研究消息」を執筆することにある。細川正義会長は、ここ十数年間、『島崎藤村研究』編集委員長として、本研究誌を編集すると共に、「研究消息」を一人で執筆され続けられてきた。本当にご苦労なことであったと、今回引き受けてみてつくづくそう思う。研究論文のリストは、細川正義会長が年来の経験を生かして作成して下さった。「研究消息」は、副編集委員長の中山弘明氏と分担して執筆した。

■本号には、城崎大会での講演と投稿研究論文五本の計六本の論文を掲載している。大変盛況で喜ばしい限りである。力作も多い。『島崎藤村研究』規約によると「分量は四百字詰原稿用紙二〇枚から二五枚程度」とある。今回の論文の中には、この規約を大幅に超えたものがあった。本来ならば、可能な限り縮小すべきか二回に分けて掲載すべきであるが、例外として、全文を掲載することにした。今後投稿される方々は、『島崎藤村研究』投稿規約を守っていただきたい。

(宇野憲治)

島崎藤村研究　第四十六号

本体価格　一五〇〇円

発行　二〇一九年九月二十日

編集・発行者　島崎藤村学会

事務局　神戸女子大学　永渕朋枝研究室　神戸市須磨区東須磨青山2—1

電話　078-731-4416

発行所　図書出版　鼎　書　房

東京都江戸川区松島2-17-2

電話　03-3654-1064

印刷所　協和印刷株式会社